Hannes Stein
Immer Recht haben!

W0048988

PIPER

Zu diesem Buch

Ob Atomkraft, Todesstrafe, Klimawandel, Steuerhinterziehung oder die alte Frage Beatles oder Stones: Es gibt kaum etwas Entwürdigenderes, als sich bei einem Streit oder gar bei einer öffentlichen Diskussion von den Argumenten, sprachlichen Finten und psychologischen Tricks des Anderen übertölpeln zu lassen. Doch damit ist jetzt Schluss! Hannes Stein hat den ersten Konversationsführer der Welt geschrieben, der garantiert helfen wird, den kommunikativen Nahkampf erfolgreich zu bestehen. Denn hier kann man nicht nur die raffiniertesten Taktiken lernen, um Andere rhetorisch schachmatt zu setzen. Mehr noch: Für alle wichtigen Themen aus Kultur, Wirtschaft, Politik, Religion und Sex liefert Hannes Stein eine absolut schlüssige und unwiderlegbare Argumentationskette – und zwar Pro wie Kontra. Was immer Sie also beweisen wollen: Mit diesem Buch wird es Ihnen gelingen.

 *Hannes Stein*, geboren 1965 in München, aber aufgewachsen und belehrt im österreichischen Salzburg. Seit Abschluss seines Studiums der Anglistik, Amerikanistik und Philosophie verdingt er sich als Publizist, zunächst für die *Frankfurter Allgemeine Zeitung* und beim *Spiegel*, dann für die *Literarische Welt* in Berlin. Hannes Stein ist im Sommer 2007 nach New York ausgewandert, wo er als Journalist und Autor lebt.

Hannes Stein

Immer Recht haben!

Totschlagargumente für alle Lebenslagen

Piper München Zürich

Mehr über unsere Autoren und Bücher:
www.piper.de

Von Hannes Stein liegen bei Piper vor:
Endlich Nichtdenker. Handbuch für den überforderten Intellektuellen
Immer Recht haben. Totschlagargumente für alle Lebenslagen

Ungekürzte Taschenbuchausgabe
Piper Verlag GmbH, München
Januar 2011
© 2008 Eichborn AG, Frankfurt am Main
Umschlag: semper smile, München
Umschlagabbildung: Kevin Schäfer / Corbis
Autorenfoto: Katy Otto
Innenillustration: Philip Wächter
Satz: Fuldaer Verlagsanstalt, Fulda
Papier: Munken Print von Arctic Paper Munkedals AB, Schweden
Druck und Bindung: CPI – Clausen & Bosse, Leck
Printed in Germany   ISBN 978-3-492-25428-1

לכבוד עליזה

Es ist möglich, dass ich mich blamiere. Indes ist dann immer mit einiger Dialektik zu helfen. Ich habe natürlich meine Aufstellungen so gehalten, dass ich im umgekehrten Fall auch Recht habe.

KARL MARX

Ich habe eiserne Prinzipien. Wenn sie Ihnen nicht gefallen, habe ich auch noch andere.

GROUCHO MARX

»DIE SUPPEN IS' VERSALZEN«
ODER
KAMPFREGELN FÜR DAS
ZIVILISIERTE GESPRÄCH

Schweigen ist Gold – aber Reden ist Silber

Ein Tiroler Bergbauernehepaar hatte einen Sohn, der war stumm wie ein Klotz. Der Junge tat alles, was man ihm an Arbeiten auftrug und war auch sonst anstellig, nur hatte er sein liebes Leben lang noch keinen Ton gesagt. Eines Abends, so wird erzählt, saß die Bergbauernfamilie am Bergbauernfamilientisch. Da tat plötzlich der Klotz den Mund auf und sprach die geflügelten Worte: »Die Suppen is' versalzen.« Alle starrten, alle staunten; die Löffel blieben in der Luft über den dampfenden Schüsseln stehen. Endlich fasste der *pater familias* sich ein Herz. »Bub warum hast denn bis jetzt nie nichts geredet?«, fragte er. Der Klotz senkte den Blick: »Weil«, sagte er, »bis jetzt ist die Suppen ja nie versalzen gewesen.«

Bewundernswerte Ökonomie des Ausdrucks! Ach, wären wir doch alle wie jener Bergbauernsohn: diskret und bescheiden genug, keine Überflüssigkeiten von uns zu geben. Doch leider ist die Menschheit in ihrer Gesamtheit nicht so. Sie palavert, streitet, debattiert, quatscht, schneidet auf und verbreitet Klatsch, dass es eine Art hat. Ja, überall und ständig wird geredet. Der Talmud nennt den Menschen dann auch *chai medaber*, »das Tier, das spricht« – in Gelehrtenlatein könnte man ihn auch als *homo loquens* bezeichnen. Zudem klärt uns die moderne Kommunikationswissenschaft darüber auf, dass es ganz unmöglich ist, *nicht* zu kommunizieren. Es existiert nämlich kein Gegenteil des menschlichen Verhaltens – keinem Menschen steht es frei, sich nicht zu verhalten.

Anders und deutlicher formuliert: Auch Nichtstun ist ein Tun. Darum ist es uns im Grunde nie möglich, die Kommunikation abzubrechen. Der Mann, der sich von den anderen absondert, hält keineswegs den Mund – er lässt vielmehr deutlich erkennen, dass er nicht angesprochen werden möchte. Sogar, wer eine starre Körperhaltung einnimmt, sogar, wer wie ein Buddha stundenlang unbequem auf einer Matte sitzt und das Tapetenmuster studiert, sogar, wer ein Schweigegelübde ablegt und sich in eine Mönchszelle zurückzieht, kommuniziert dabei unaufhörlich mit seiner Umwelt: Es gibt kein Schweigen, das nicht vielsagend wäre.

Wir sollten diesen Zustand indes nicht allzu wortreich beklagen. Der Mensch wurde in der Urzeit nun einmal dadurch zum Menschen, dass er die Nacht des Schweigens durch das Licht der Sprache ersetzte! Er könnte deshalb, selbst wenn er dies ernsthaft vorhätte, nie wieder zurück ins schützende Dunkel: Die Pforten des Paradieses sind auf immer für uns verschlossen. Jener scheinstumme Bergbauernbub, der nur das Allernötigste sagte, war gewiss ein Held, und er hätte verdient, dass ihm in jedem Parlament, jeder Redaktionsstube, jedem Fernsehstudio der Welt ein

Denkmal aus edelstem Marmor errichtet wird. Wer ihm aber dauerhaft nacheifern wollte, müsste übermenschliche Kräfte der Selbstbeherrschung aufbieten. Nein, es hilft alles nichts: Wir sind dazu verdammt, zu reden, uns auszutauschen, zu diskutieren.

Dieses Buch wird Ihnen dabei rhetorisch auf die Sprünge helfen. Wenn wir nun einmal sprechen müssen, können wir es auch auf elegante und überzeugende Art tun. Bildlich gesprochen: Wer unter spastischen Zuckungen leidet, kann sich immer noch auf den Tanzboden wagen und so tun, als sei das, was er da vollführt, Foxtrott. Allerdings muss er dazu die nötigen Tanzschritte kennen.

* * *

Wollen Sie Recht haben oder etwas erreichen?

Es gibt Opernführer, in denen steht, welche Handlung das Musiktheaterstück hat, in dem wir gerade sitzen und wieder einmal nur Bahnhof verstehen, während wir uns an der ergreifenden Zwölftonmusik ergötzen. Es gibt Theaterführer, in denen man schwarz auf weiß die Handlung des Dramas nachlesen kann, bevor man sich ins Parkett wagt und von dort aus nachschaut, was der Regisseur mit seinen tollen Regie-Einfällen daraus gemacht hat. Es gibt Reiseführer, in denen werden Gegenden beschrieben, wo sich Kojote und Büffel gute Nacht sagen, während im Hintergrund der Niagarafall rauscht. Das vorliegende Werk folgt diesen erlesenen Vorbildern: Es ist sozusagen ein KONVERSATIONSFÜHRER (und damit das erste Buch seiner

Art). Es will klare Maßstäbe setzen, wie und worüber in der Öffentlichkeit gesprochen werden kann. Nicht mehr und nicht weniger.

Machen wir uns zunächst klar, zu welchem Zweck wir im Alltag miteinander kommunizieren. Eigentlich gibt es nur zwei Gründe, warum wir ein Gespräch anknüpfen: 1. um etwas zu erreichen, oder 2. um Recht zu haben. Was den ersten Fall betrifft, so bitte ich Sie, die Wendung »etwas erreichen« möglichst breit aufzufassen – gemeint ist alles vom Einstellungsgespräch über die erotische Werbung bis zu der entspannten Plauderei, in die Polizisten einen Geiselgangster verwickeln. Wollen Sie dabei erfolgreich sein, gilt für Gespräche dieser Sorte immer dasselbe: nur nicht widersprechen! Versuchen Sie möglichst im Voraus, die Meinung Ihres Gegenübers zu eruieren, bestätigen Sie diese ebenso geist- wie wortreich – und schmuggeln Sie dann Ihren eigenen Vorschlag unter.

Eine Szene in dem Film »Der Untergang des amerikanischen Imperiums« zeigt, wie das in der Praxis aussieht. Zwei mittelhässliche Mittvierziger machen vor, wie sie in der Disco blutjunge Studentinnen abschleppen, und sagen zu diesem Behufe solche Sachen wie: »Mademoiselle, finden Sie Atomkraftwerke nicht auch furchtbar? Und das Waldsterben erst!« Dabei bewegen sie ihre unförmigen Körper zu den Rhythmen imaginärer Musik. Im Wesentlichen funktionieren Verhandlungen mit bewaffneten Bankräubern nach denselben Prinzipien. Erst einmal sucht man nach Feldern der Übereinstimmung; dann wiegt man die andere Seite in dem Glauben, es werde ewig so harmonisch weitergehen; dabei macht man klar, dass gewisse Grenzen nicht überschritten werden dürfen. (Wenn das

Mädchen sagt, dass es seinem Freund treu zu bleiben gedenkt, wird das Gespräch über Atomkraftwerke abrupt abgebrochen. Dasselbe gilt für den Fall, dass die Bankräuber anfangen, Geiseln zu erschießen.) Zum taktisch richtigen Zeitpunkt, den nur die Erfahrung lehren kann, heißt die Devise: Zugriff! Dann wird gestürmt und alle Verteidigungsstellungen werden machtvoll durchbrochen, in der Hoffnung, dass der Sieg mit den Tapferen sein möge.

Mit dem zweiten Fall des zivilisierten Gesprächs verhält es sich erheblich komplizierter. Zunächst einmal sollten wir die grundsätzliche Frage klären: Warum ist es überhaupt so schön und erstrebenswert, Recht zu haben? Hierauf gibt es verschiedene Antworten, die freilich alle in dieselbe Richtung weisen.

Wir wollen **falsche Meinungen ausmerzen**. Es wäre geradezu grob und fahrlässig, wenn eine als falsch erkannte Ansicht – weniger höflich ausgedrückt: irgendwelcher Unsinn – unwidersprochen im zwischenmenschlichen Raum stehen bliebe. Also müssen wir diese Ansicht mit ein paar gezielten Hieben rhetorisch erledigen.

Wir wollen **die Welt retten**. Nehmen wir an, wir haben erkannt, dass nur der Kommunismus unsere Gesellschaft vor dem Ruin bewahren kann – in diesem Fall wäre es doch wohl verantwortungslos, antikommunistische Propaganda zu dulden, wie man sie heutzutage leider ständig über sich ergehen lassen muss. Es ist dann unsere Pflicht als Mitmensch und Staatsbürger, dem Kommunismus mithilfe von hitzigen Diskussionen zum welthistorischen Sieg zu verhelfen!

Wir möchten **vor anderen glänzen**. Früher haben Männer einander noch verprügelt, wenn sie ihrer Angebeteten gefallen wollten – der Sieger schleifte die Frau dann an den Haaren in seine moosbehangene Höhle. Heute liefern sie sich zum selben Zweck häufig Wortgefechte. Dies ist nicht der richtige Moment, um den zivilisatorischen Fortschritt zu kommentieren, der darin zum Ausdruck kommen mag. Klar sollte aber sein: Bei Prügeleien steht am Ende meistens der Stärkere noch senkrecht – bei Wortgefechten triumphiert der Gerissene.

Wir wollen uns **gut fühlen.** In diesem Zusammenhang sei an das legendäre Interview erinnert, das nach einem Boxkampf mit dem Star Henry Maske und seinem Gegner Rocchigiani ausgestrahlt wurde. Während Maske feinsinnig um das Eigentliche herumredete, brachte es Rocchigiani genial auf den Punkt: »Mann am Boden, jutet Jefühl!«

Man könnte einwenden, auf die Motivation komme es gar nicht an, letztlich laufe die ganze Rechthaberei nur auf Hahnenkämpfe hinaus. Diesen Einwand kann man nur entkräften, indem man ihm Recht gibt – und hinzufügt: Hahnenkämpfe, bei denen keine Tiere zu Schaden kommen, sind eine noble sportliche Disziplin. Die holde Damenwelt möge übrigens verzeihen, dass ich den »Hennenkampf« hier nicht eigens aufführe. Es liegt nicht daran, dass ich ihn für weniger wichtig halte als die männliche Variante – mir scheint nur, dass streitende Hühner sich, wenn man sie aus der Distanz betrachtet, kaum von debattierenden Hahnenkammträgern unterscheiden. Hier wie dort fliegen die Federn und die Fetzen; hier wie dort foltert schrillwildes Gegacker das Trommelfell; hier wie dort soll das, was nach dem Ende der Kampfhandlungen vom Gegner übrig geblieben ist, gerade noch für den Kochtopf taugen. Das Schöne an der menschlichen Kommunikation ist, dass all dies nur metaphorisch stimmt, so dass der zerzauste, zerhackte Gegner von gestern schon heute wieder putzmunter und ohne eine Schramme auf dem Kampfplatz steht: bereit zur nächsten Runde.

* * *

Die pazifistische Position

Die moderne Psychologie hält für uns die Erkenntnis bereit, dass eine kommunikative Nachricht niemals nur aus dem besteht, was der Sache nach mitgeteilt wird. Wie ein Fluss, der Geröll nachschleppt, führt sie immer auch Gefühlsinhalte mit sich. Klassisches Beispiel: Der Mann, der seine Frau, die hinter dem Steuerrad sitzt, an der Ampel anraunzt: »Es ist grün!« Naturgemäß soll das nicht nur bedeuten, dass die Kreuzung jetzt frei ist. Der Mann bringt außerdem zum Ausdruck, dass er viel besser Auto fährt, dass es ein Fehler war, seine Frau ans Steuer zu lassen, und dass er es mordsmäßig eilig hat.

Nun gibt es menschenfreundliche Vertreter der Psychologenzunft, die uns nahelegen, nicht nur auf äußere Sachinhalte zu hören, sondern ein inneres Radarsystem für emotionale Schwingungen zu entwickeln. Bei jeder Äußerung sollen wir uns demnach fragen: Was teilt mir der Mensch, der da spricht, über sich selbst mit? In welche Beziehung setzt er sich zu mir? Und was will er bei mir erreichen? Von solcher Behutsamkeit im zwischenmenschlichen Umgang möchte ich Ihnen nachdrücklich abraten, wenn Sie bei einer Debatte aus einem der oben genannten

Gründe (also um die Menschheit zu retten oder vor Frauen zu glänzen usw.) Recht haben wollen. Er lenkt nur vom erwünschten Resultat ab, dem Ungespitzt-in-den-Boden-Rammen des rhetorischen Gegners.

Es gibt einen besonders pazifistischen Psychologen, der Friedemann Schulz von Thun heißt. Dieser Mann glaubt allen Ernstes, es sei Ziel der Kommunikationspsychologie, folgende Erkenntnis zu befördern: »Ich akzeptiere und begrüße, dass jeder die Sache von seinem Standpunkt sieht, je nach seiner Lebensgeschichte und seinen Lebensumständen.« Und rosenrot geblümt geht es weiter: »Du bist anders als ich, ich bin anders als du – wenn wir einander zuhören und den Standpunkt des anderen als Ausgangsort akzeptieren, dann kann unsere Begegnung etwas zutage fördern, was reicher und richtiger ist, als was jeder für sich allein mitgebracht hat.« So kommt natürlich nie eine fetzige Diskussion zustande. Ich sage: Wer nicht bereit ist, seinen Gesprächspartner mit Geistesblitzen und Donnerkeilen zu Boden zu strecken – wer Angst vor reinigenden polemischen Gewittern hat –, der verkrieche sich hasenherzig hinter den heimatlichen Herd!

* * *

Grundregeln des Wortgefechts

Allerdings gilt es dabei, gewisse Regeln zu beachten. Sogar im Wilden Westen wurde der Colt ja erst gezogen, wenn die beiden Kontrahenten einander auf dem Marktplatz ihre Gesichter zuwandten und die Sonne hoch am Himmel stand. Um wie viel mehr sollte die Gesprächskultur in der zivilisierten Welt sich von unverrückbaren Gesetzen leiten lassen! Regel Nummer eins lautet: **Beweisen Sie Sorgfalt in der Wahl Ihres Gesprächspartners.** Überlegen Sie sehr genau, mit wem sie streiten wollen – und mit wem sie sich unter keinen denkbaren Umständen zanken sollten. Zur letzteren Kategorie gehört selbstverständlich Ihr Schwiegervater (auch ihr Schwiegervater in spe) oder Ihr Chef. Oder die Frau beziehungsweise der Mann, den Sie zu erotischen Zwecken in Ihr Schlafgemach locken wollen. Bitte legen Sie sich ehrlichen Herzens noch einmal die Frage vor, mit der ich einen dieser Abschnitte überschrieben habe: »Wollen Sie Recht haben oder wollen Sie etwas erreichen?« Diese beiden Dinge schließen einander nämlich logisch aus. Sie können nur entweder das eine oder das andere – niemals beides zugleich.

Zweite Regel: **Beweisen Sie Umsicht bei der Wahl des Kampfplatzes.** Ist eine Bar dafür geeignet? Ist sie nicht viel zu laut? (Wenn Sie brüllen müssen, haben Sie einen schweren strategischen – nicht nur taktischen – Nachteil.) Wollen Sie sich mit Ihrem Gegner wirklich in ein Fernsehstudio wagen oder werden Sie dort so aufgeregt sein, dass Sie schwer ins Stottern geraten? Ist die Raumtemperatur angenehm oder brennt Ihnen der Schweiß in den Augen? Möchten Sie während des Gesprächs sitzen oder stehen? Wenn Sie eher klein geraten sind, müssen Sie möglicherweise zu dem Typen aufschauen, mit dem Sie streiten – Warnung: Bald werden höllische Nackenschmerzen Ihnen hinterrücks zu schaffen machen.

Dritte Regel: **Sorgen Sie dafür, dass Sie von Anfang an in einer günstigen rhetorischen Position sind.** Kleiner

Hinweis: Wenn Sie als Goliath gegen einen David kämpfen, haben Sie schon verloren, bevor die Maulschlacht überhaupt begonnen hat. Sie müssen unbedingt als Opfer erscheinen, das gegen einen übermächtigen Gegner kämpft. Unter Umständen hilft die richtige Kleidung, diesen Eindruck zu vermitteln – wenn Ihr Gegner etwa im Anzug oder im Glitzerfummel auftritt, sollten Sie betont schlicht (Jeans, Schlabberpullover) zum Match antreten. Sie können es sich aber auch einfach machen. Voraussetzung dafür ist lediglich, dass Sie über einen englischen Adelstitel und einen Landsitz verfügen; in diesem Falle halten Sie es doch bitte wie Sir George Reresby Sitwell, der Vater von Edith Sitwell, die später ein vielbeachtetes Buch über die Exzentriker des Vereinigten Königreichs schrieb. Sir George ließ an seinem home, das auch ein castle war, ein Schild anbringen, auf dem Folgendes zu lesen stand: »Ich muss alle, die dieses Haus betreten, darum bitten, mir nie zu widersprechen oder auch nur im Geringsten von meiner Meinung abzuweichen, da dies dem Funktionieren der Verdauungssäfte zuwiderläuft und meinen Nachtschlaf stört.« Natürlich dürfen Sie völlig ungeniert die ethnische Karte spielen: »Ich als jüdischer Kurde, dessen Großvater noch als Baumwollpflücker auf den Feldern von Alabama gearbeitet hat …« Seien Sie aber darauf gefasst, dass Ihr Gegenüber womöglich den Spieß umdreht, indem er kontert: »Als ganz normaler Deutscher, dessen Großvater bei der Waffen-SS war, darf man wohl gar nichts mehr sagen!« Schon hat Ihr Gegner den Opferstatus für sich reklamiert – und Sie stehen im Abseits und müssen sich bitterlich schämen.

Diese drei Regeln sind eigentlich schon das Wichtigste. Wenn Sie hier nichts falsch machen, kann Ihnen beinahe nichts Schlimmes mehr passieren – möge sich die Diskussion auch noch so heftig gestalten. Indessen gibt es ein paar feinere Kniffe, mit denen ich Sie sozusagen en passant vertraut machen möchte. Wenn diese Kniffe einander diametral zu widersprechen scheinen, soll Sie das nicht verwirren. Hier kommt es in hohem Maß auf die Situation an: Manchmal führt eher die eine, manchmal die andere Maßnahme zum Ziel. Je länger und öfter Sie sich in Streitgespräche verwickeln lassen, desto sicherer wird Ihr Gefühl dafür werden, worauf Sie gerade jetzt – in dieser ganz bestimmten Phase des Gesprächs – zurückgreifen sollten.

Kniff Nummer eins: **Niemals verkrampfen.** Tänzeln Sie! Geben Sie zu verstehen, dass Sie Ihren Diskussionsgegner mit links erledigen könnten. Duzen Sie ihn auf keinen Fall, sondern nennen Sie ihn »Herr« (unter Damen empfiehlt es sich, die Anrede durch einen vernichtenden Augenaufschlag zu ersetzen).

Kniff Nummer zwei: **Geben Sie den moralisch Empörten** – und wenn Sie die Empörung nicht empfinden, schützen Sie gerechten Zorn wenigstens vor. Er wird sich dann zuverlässig wirklich einstellen. In der Mitte des Tänzelns und Trippelns und spielerischen Umeinander-Herum-Kreisens müssen Sie also plötzlich zustoßen wie ein ausgehungerter Raubvogel. Ist der Wutausbruch vorbei, müssen Sie aber sofort wieder auf den überlegenen Standpunkt zurück. Lassen Sie die Ätzsäure der Ironie ihr Werk vernichten und die Nerven des Feindes blanklegen.

Kniff Nummer drei: **Brechen Sie zwischendurch aus** und streifen Sie entlegene Felder, die mit dem Thema eigentlich nichts zu tun haben. Zum einen werden Sie dadurch ihren Gesprächsgegner verwirren, zum anderen stellen Sie – was stets vorteilhaft ist – Ihre Souveränität unter Beweis.

Kniff Nummer vier: **Seien Sie nicht souverän, sondern schusselig.** Verlieren Sie den Faden, unterbrechen Sie sich, stammeln Sie, fahren Sie sich durchs Haar. Streuen Sie schüchtern ein, Sie seien leider kein Experte. So wiegen Sie Ihren Feind in dem Glauben, mit Ihnen werde er leichtes Spiel haben. Hinter der Schusseligkeit aber verberge sich, wie ein Sherman-Panzer unter einem militärischen Camouflagenetz, eisernes Zielbewusstsein und planmäßiges Vorgehen.

Die antike Redekunst gibt uns dafür Hinweise, die bis dato unübertroffen sind. Die Redner der Antike wussten, dass eine Ansprache, wenn sie Erfolg haben will, sich aus folgenden fünf Bestandteilen zusammensetzen muss: *prooemium, narratio, probatio, refutatio, peroratio.* 1. Unter einem *prooemium* versteht man die Einleitung, mit der Sie um die Sympathie Ihrer Zuhörer werben (am besten, indem Sie bescheiden tun). 2. Die *narratio* ist die Erzählung, mit der Sie definieren, was Sache ist (im Idealfall chronologisch: »Neulich saß ich unter dem Apfelbaum, da plumpste mir dieser Apfel auf den Kopf, und so kam ich auf die Idee mit der Gravitation«). 3. In der nächsten Stufe – der *probatio* – versuchen Sie, Ihre Theorie zu beweisen. 4. Die *refutatio* dient Ihnen dazu, die Argumente Ihres Gegners schlüssig zu entkräften (nach dem Schema: »Die Mitglieder der Flat Earth Society behaupten zwar, dass die Erde eine Scheibe sei, aber jeder weiß, dass es sich bei ihnen um Hohlköpfe handelt«). 5. Die *peroratio* ist der orgiastische Schluss, in dem Sie die akkumulierte Spannung abbauen und zu einem röhrenden Höhepunkt kommen.

Die Redekünstler des Altertums dachten zwar an Ansprachen vor großem Publikum, als sie diese Gliederung formulierten. Man kann damit aber auch bei Cocktailparties glänzende Siege feiern.

* * *

Zwölf schmutzige Tricks

Für den militärischen Ernstfall gelten bekanntlich die Genfer Konventionen. Sie verpflichten die Konfliktparteien darauf, Zivilisten möglichst zu schonen, Kriegsgefangene menschlich zu behandeln und nicht ohne Uniform auf dem Schlachtfeld zu erscheinen. Analog gibt es auch für polemische Diskussionen gewisse Regeln: Man soll nicht lügen, den Kontrahenten nicht beleidigen und während des Gesprächs keine Schürhaken schwingen. Der liberale Philosoph Karl Popper schrieb, Fundament eines zivilisierten Streites sei die Annahme, »dass du dich irren kannst, dass ich mich irren kann und dass wir gemeinsam vielleicht der Wahrheit ein Stück näher kommen«. Leider zeigt die Erfahrung, dass sich nicht immer alle Gesprächsteilnehmer an diese Regeln halten. (Auch die Genfer Konventionen sind ja in der Militärgeschichte schon häufiger verletzt worden, etwa als die Amerikaner im Zweiten Weltkrieg ihre Atombomben auf das faschistische Japan warfen.) Leider zeigt die Erfahrung auch, dass jene, die sich nicht an die Regeln halten, häufig den rhetorischen Sieg davontragen. Es gibt nur ein Mittel, gegen dieses Unrecht vorzugehen: Auch Sie müssen wissen, wie man einen schmutzigen Krieg führt. Damit Sie für alle Eventualitäten gerüstet sind, möchte ich Sie an dieser Stelle mit den wichtigsten miesen Tricks bekanntmachen, auf die in Maulschlachten immer wieder zurückgegriffen wird.

Im Wesentlichen lassen sie sich in zwei Kategorien sortieren – die groben und die feinen. Fangen wir mit den **feinen Tricks** an. Besonders beliebt ist die Strategie: **Strohmann bauen.** Dabei unterstellen Sie dem Gesprächspartner, er vertrete eine Position, die er in Wahrheit gar nicht hat, und nehmen diese dann so genüsslich auseinander, wie man mit einem Bajonett eine Strohpuppe zerfetzt. Ihr Gesprächspartner wird also damit beschäftigt sein, wortreich seine eigene Position zu erläutern – er wird gar nicht die Zeit haben, zum rhetorischen Gegenangriff überzugehen. Zum Beispiel: Wenn Ihr Kontrahent das Recht der Frauen auf Abtreibung befürwortet, stellen Sie es so hin, als plädiere er gleichzeitig für Kindesmord und/oder Pädophilie. Er wird dann alle Hände voll damit zu tun haben, den Eindruck zu widerlegen, er sei ein moralisches Ungeheuer, und ergo gar nicht dazu kommen, seine Argumente in Stellung zu bringen.

Eng damit verwandt ist das Verfahren der **Homonymie.** Hierfür macht man sich die Tatsache zunutze, dass zwei Dinge, die wenig oder nichts miteinander zu schaffen haben, häufig mit demselben Wort bezeichnet werden. Man nimmt also einen Satz des Gesprächsgegners und dehnt ihn – indem man ihn bewusst missversteht – auf ein Gebiet aus, von dem jener gar nicht gesprochen hat. Sodann widerlegt man ihn nach allen Regeln der Kunst. Beispiel: »Das Vermögen von XY wird auf mehrere Milliarden Dollar geschätzt.« – »Ich glaube nicht, dass das Vermögen von XY wirklich so gewaltig ist. Er ist doch ein eher dummer Mensch. Sein Unvermögen zeigt sich allein schon darin ...« usf. Hier spielen wir mit dem Doppelsinn, den der Ausdruck »Vermögen« im Deutschen besitzt, und beweisen im Handumdrehen, was zu beweisen war.

Wer in die peinliche Lage gerät, vor Publikum mit jemandem zu streiten und dabei mit seinen Argumenten ins Hintertreffen gerät, der mache ein **argumentum ad auditores**. Er rede also irgendwelchen Unsinn, der lustig klingt und nicht so leicht nachgeprüft werden kann. Die Lacher hat er dann jedenfalls auf seiner Seite; sein Gesprächspartner jedoch muss erst einmal zu langwierigen Erklärungen ausholen – was ihn bei den Zuhörern nicht beliebter macht.

Das **argumentum ad verecundiam** erfüllt im Wesentlichen dieselbe Aufgabe. Dabei untermauern wir unsere Meinung durch Zitate von Autoritäten und vertrauen darauf, dass die meisten Leute gern Zitate mit Beweisen verwechseln. Sind in der Eile keine passenden Zitate bereit, erfinden wir welche – nach dem Muster: »Schon Goethe hat gesagt, dass Tütensuppe prima schmeckt.« (Wer kess sein will, füge das Wörtchen »bekanntlich« hinzu.) Ganz früher berief man sich bei Grundsatzdiskussionen gern auf die Kirchenväter oder den Philosophen Aristoteles; bis gerade gestern bevorzugte man weise Worte von Marx, Engels, Lenin, Rosa Luxemburg, Stalin, Trotzki und dem Großen Vorsitzenden Mao. All diese Autoritäten sind mittlerweile aus der Mode gekommen. Heute führt man eher »die Wissenschaftler« oder »Experten« ins Feld (wenn es um die Arabische Halbinsel geht, die beliebten »Nahostexperten«). Häufig genügt auch der schlichte Hinweis: »Das weiß jeder« oder »Das ist längst bewiesen«.

Von nicht zu überschätzender Wichtigkeit ist, welche **Namen** wir uns selbst geben und welche Pappschilder wir unseren Gegnern anheften. Diese sind stets: Reaktionäre, Neoliberale, herzlos, Pfaffen, Absahner, Bankrotteure, amerikahörig, Ewiggestrige, gekauft, abergläubisch, Spekulanten, Schnäppchenjäger, Bellizisten und Agenten des Opus Dei. Wir dagegen sind: Fortschrittsfreunde, Sozialdemokraten, gemütvoll, Kirchenkritiker, Wohltäter, Unternehmer, patriotisch, Nach-vorne-Schauer, unabhängig, aufgeklärt, Steuerzahler, qualitätsbewusst, Pazifisten und Mitglieder des örtlichen Schützenvereins. Wer elegant sein will, der überhäufe nicht etwa den rhetorischen Feind mit Schmähungen; stattdessen strecke er die Ansicht, die jener vertritt, mit einem einfachen **Schlagwort** nieder. Am besten eignen sich dazu Begriffe, die auf »-ismus« enden – Beispiele: »Das ist Keynesianismus; Manichäismus; Zynismus; Rationalismus; Romantizismus; Antikommunismus; Zionismus; Neoliberalismus; Antisemitismus; Faschismus.« Dieser Liste hat sich in jüngster Zeit nur ein Wort zugesellt, das sich nicht auf »-ismus« reimt, nämlich die vielbeschrieene »Islamophobie«. Mittels solcher Schlagworte erledigt man den Gegner gleich doppelt: Man gibt zu verstehen, dass seine Meinung als unoriginell ad acta gelegt wurde, dass sie längst klassifiziert, eingeordnet, erledigt ist – und man macht deutlich, dass nur ein Volltrottel sich mit solchem Zeug beschäftigt.

Manchmal kommt es leider dazu, dass man trotz aller rhetorischen Kriegslisten im Begriff ist, die Maulschlacht zu verlieren – dann hilft nur noch eins: die **Diversion**. Man fängt also an, von etwas anderem zu reden, als gehöre es ganz selbstverständlich zur Sache. Beispiel: Jemand vertritt die Ansicht, dass unaufhörlich fliegende Untertassen voller kleiner grüner Männchen auf unserem Planeten landen, diese Tatsache aber vom amerikanischen Geheimdienst vertuscht wird. Sein Kontrahent bestreitet dies unter Hinweis auf moderne physikalische Erkenntnisse, nach denen es unmöglich sei, schneller als Licht zu fliegen; schon der nächste Fixstern sei aber unvorstellbare 4,6 Lichtjahre von der Erde entfernt. Daraufhin der Untertassengläubige: »Ja, aber du musst doch zugeben, dass ständig Fußspuren von Yetis gefunden werden.«

Nur für Geistesgegenwärtige ist ein ebenso perfider wie hübscher Kunstgriff geeignet: die **Inversion**. Dabei nimmt man dem Gegner sein Argument aus der Hand, als wäre es ein Degen, und kehrt es mit der Spitze gegen ihn. Schon ist er wehrlos. Beispiel: »Auf Petri Stuhl in Rom haben schon Debile, Mörder und Ehebrecher gesessen. Das beweist, was für eine korrupte Institution die katholische Kirche ist.« – »Im Gegenteil! Das Papsttum hat all seine historischen Entstellungen überlebt – das ist der endgültige Beweis (wenn es eines solchen Beweises bedürfte), dass es sich um eine von Gott geheiligte Einrichtung handeln muss.«

Wenden wir unsere Aufmerksamkeit nun **den gröberen Tricks** zu! Hier wäre an erster Stelle eine Lieblingsstrategie der Schachspieler zu nennen: Reizen Sie den Feind, ärgern Sie ihn, fallen Sie ihm auf die Nerven, bringen Sie ihn zur Weißglut. Hierzu eignet sich am besten die **Unverschämtheit**. Ferner: **Schreien Sie** nach einer längeren Argumentationskette, die nicht zu dem von Ihnen gewünschten Ergebnis geführt hat, allen Tatsachen zum Trotz das Wunschresultat mit lauter Stimme aus, als ergebe es sich logisch aus dem vorher Gesagten! Die meisten Leute werden zu verdattert oder zu schüchtern sein, um Einwände vorzubringen.

Sollten Sie Nobelpreisträger sein, kommt es gut an, wenn Sie sich in einem Streitgespräch selbst **ironisch für inkompetent** erklären: »Was Herr X da gerade gesagt hat, übersteigt meine intellektuellen Fähigkeiten.« Die Widerlegung dessen, was Herr X gerade gesagt hat, können Sie sich getrost sparen. Manchmal führen die einfachen Strategien am schnellsten zum Ziel: Überrumpeln Sie Ihren rhetorischen Feind mit einem **Redeschwall**, lassen sie Wortkaskaden auf ihn niedergehen, ersäufen Sie ihn in pfützenflachen Tiefsinnigkeiten. Schließlich gibt es da noch Anton Kuhs schöne Maxime: »Warum denn sachlich, wenn's auch persönlich geht.« Also: **Beleidigen** Sie Ihren Gegner, schlagen Sie unter die Gürtellinie! So ist mancher rhetorische Krieg, der nach allen Regeln der redlichen Redekunst als verloren gelten musste, in letzter Minute doch noch gewonnen worden.

* * *

Was dieses Buch ist und was es will

Ich habe mit einem Witz angefangen, lassen Sie mich mit einem Witz aufhören:

Ein assimilierter Jude kommt in einen Eisenbahnwaggon, in dem lauter Chassiden – Fromme mit Bärten und Schläfenlöckchen – und ihr Rebbe sitzen. »24«, sagt einer der Chassiden, darauf brechen die anderen in wieherndes

Gelächter aus. »16«, wendet der nächste Chassid ein – allgemeine, uferlose Heiterkeit. Der assimilierte Jude wendet sich an den Rebben: »Herr Rabbiner«, sagt er, »können Sie mir bitte erklären, was das soll? Warum nennen ihre Schüler immerzu Zahlen und lachen dann wie die Meschuggenen?« Der Rebbe antwortet strahlend: »Sehen Sie, wir kennen alle Witze schon, deswegen haben wir eine Liste angelegt und sie durchnummeriert. Jetzt müssen wir nur noch die Ziffer nennen, und jeder weiß, welcher Witz gerade dran ist.« – »Kann ich die Witzliste einmal sehen?« fragt der assimilierte Jude. Der Rebbe überreicht ihm eine Kladde, die vom vielen Gebrauch schon ganz abgegriffen ist; der Assimilant blättert stirnrunzelnd, studiert den Inhalt und findet endlich einen Witz, der ihm gefällt: »78!«, sagt er. Niemand lacht. »78!«, ruft er laut. Die Chassiden blicken finster. »Was ist denn los, Herr Rabbiner?«, will der assimilierte Jude wissen. »Warum lachen die denn nicht?« Der Rebbe antwortet weise: »Man muss die Witze halt erzählen können.«

Das Buch, das Sie, lieber Leser und verehrte Leserin, in Händen halten, entspricht der Kladde in der obigen Anekdote. Der einzige Unterschied: In diesem Buch sind nicht Witze verzeichnet, sondern Standpunkte. Wie schon angemerkt, handelt es sich bei vorliegendem Druckerzeugnis um den ersten KONVERSATIONSFÜHRER, den es auf dem Markt gibt – also ein Werk, in dem nach bestem Wissen und Gewissen nacherzählt wird, welche Standpunkte man vernünftigerweise zu jedem denkbaren Thema der Welt einnehmen kann. Damit Sie sich leichter zurechtfinden, ist »Immer Recht haben!« in fünf große Sparten unterteilt. Sie entsprechen den Hauptinteressensgebieten der menschlichen Gattung, also:

Kultur
Wirtschaft
Politik
Religionsfragen
Sex

Der Aufbau des Buches ist simpel. Auf einer Seite finden Sie eine Meinung; auf der gegenüberliegenden Seite steht jeweils der dazu passende Gegenstandpunkt. Zum Beispiel: Auf Seite 41 dieses Buches sind alle Argumente versammelt, die für eine vegetarische Lebensweise sprechen; auf Seite 39 können Sie ein ebenso vehementes Plädoyer für das Fleischessen lesen. Ein zweites Beispiel: Auf Seite 43 steht, wieso Sean Connery in alle Ewigkeit der einzig wahre James-Bond-Darsteller bleiben wird. Auf Seite 45 hinwiederum kommen all jene auf ihre Kosten, die Roger Moore für den besten 007 aller Zeiten halten. Drittes Beispiel: Auf Seite 158 wird geschildert, warum es sich bei der menschgemachten globalen Klimaerwärmung um ein wissenschaftlich bewiesenes Faktum handelt. Auf Seite 160 wird überzeugend argumentiert, dass die menschgemachte globale Klimaerwärmung die unausgegorene Hypothese einer Handvoll von verkalkten Ökospinnern ist.

Warum das alles? Auch hierzu kann man wieder zwei Meinungen haben. Einerseits möchte ich Ihnen einen Überblick über all das verschaffen, was es in der Welt der gepflegten Konversation gibt – wie vorhin vermerkt: analog zu den Opern-, Theater- und Reiseführern, die unseren Buchhandlungen so reiche Umsätze bescheren. Mir scheint, dass das schon lange einmal nötig war.

Andererseits: Denken Sie bitte noch einmal an die Geschichte vom Anfang! Denken Sie an den stummen Klotz in der Bergbauernhütte, der seinen Mund nur auftat, um zu sagen: »Die Suppen is' versalzen.« Und erinnern Sie sich, wie viel Zeit und Energie Sie auf Parties, auf Stehempfängen und im Freundeskreis schon über völlig fruchtlosen Diskussionen verschwendet haben. Dank diesem Buch können Sie sich das von nun an sparen: Sie schlagen das passende Themengebiet auf und verweisen, je nach Meinung, auf die passende Seitenzahl. Natürlich steht es Ihrem Kontrahenten frei, ebenso zu verfahren, ja dies ist sogar wünschenswert – denn auf diese Weise entfällt die ganze überflüssige Rederei. Auch das Aufgeben von Kontaktanzeigen wird sich dank dem vorliegenden Werk künftig simpler gestalten. Außer Ihren Maßen und Ihrer Augenfarbe müssen Sie nur noch die Seitenzahlen mit Ihren Meinungen anführen – schon weiß Ihr(e) zukünftige(r) Angebetete(r), ob Sie zu den gemeinen Rechten oder den erlesenen Linken gehören, ob Sie gen Mekka geneigt beten oder auf Religionen insgesamt pfeifen, ob Sie sportlichen Sex befürworten oder ablehnen etc.

Wie viel Mühe und Streit werden wir uns hierdurch bald schenken können! Die Debatte über sämtliche Themen, die auf den Seiten dieses Buches verhandelt werden, kann ab sofort als abgeschlossen betrachtet werden. Das heißt: Wir werden endlich die Muße haben, zum Wesentlichen vorzudringen. Wir werden die Eierschalen absprengen – die Meinungsverschiedenheiten, die Geltungssucht, die Eitelkeit – und das Eigelb löffeln: den Kern der Sache, das, was jenseits der Diskussionen und scharfen Töne liegt.

Was aber ist dieses Eigentliche? Ich weiß es nicht. Wir wissen es nicht. Es kann sich erst zeigen, wenn dieses Büchlein seine segensreiche Wirkung getan haben, wenn das Partygeschwätz endgültig lahmgelegt sein wird. Indessen möchte ich Ihnen nicht vorenthalten, dass der jüdische Witz von gerade eben eine Fortsetzung hat. Irgendwann sagt nämlich einer der Chassiden: »134.« Darauf erhebt sich ein Orkan der Heiterkeit, die Frommen und ihr Rebbe brüllen vor Gelächter, sie wischen sich Tränen aus den Bärten, der Eisenbahnwaggon gerät bedenklich ins Schaukeln. Der assimilierte Jude kratzt sich den Kopf: »Was ist denn jetzt los?«, fragt er.

Der Rebbe, schnaufend: »Den kannten wir noch nicht.«

Kulturelle Entscheidungen

URLAUB AM MEER

Was will man im Urlaub? Den Körper entspannen, den Kopf abschalten, die Seele baumeln lassen. Was man im Urlaub keinesfalls will: sich körperlich anstrengen, etwa indem man durch felsige Einöden kraxelt. Vor allem dann nicht, wenn dort die Gefahr besteht, auf eine besonders irritierende Unterart der Spezies Mensch zu treffen, den rüstigen Rentner. Manche dieser Herrschaften tragen tatsächlich Hüte mit Gamsbart und schwingen Waldschratspazierstöcke! Am Ende wird man vielleicht noch zum Jodeln gezwungen.

Nein. Lieber liegt man auf einem Badetuch im Sand, lässt sich sanfte Brisen über den Bauch blasen, liest die Gesammelten Werke von P. G. Wodehouse noch mal von vorne bis hinten und steht zwischendurch auf, um pro forma ein wenig im Salzwasser zu planschen. Für einsame Herzen hat Urlaub am Meer den unschätzbaren Vorteil, dass man dabei mit dem hübschen Kerl oder der formvollendeten Blondine, die das Handtuch nebenan belegt, zarte Bande knüpfen kann – oft ganz buchstäblich Wagemutige Damen bitten den Herrn ihrer Wahl, ob er ihnen wohl mal eben das Bikinioberteil zubinden könne? Umgekehrt kann man höflich anfragen, ob es zu viel verlangt wäre, dass zarte Frauenhände ein paar Tropfen schützendes Öl in die breiten und deshalb besonders vom Sonnenbrand bedrohten Schultern reiben. Aber auch Familien müssen

am Strand nicht leiden (wenn er nicht gerade an Haifisch-
gewässern liegt). Endlich kann man die Kleinen laufen lassen, ohne sich Sorgen zu machen. Während sie toben und
tollen, blättert man müde in der Zeitung von vorgestern.
Oder man lässt es sein und blickt selig der besseren Hälfte
in die Augen, in denen sich verträumt das makellose Blau
des Sommersonnenhimmels spiegelt.

URLAUB IN DEN BERGEN

Was will man im Urlaub? Den Kopf durchpusten lassen
und die Ärgernisse des Alltags vergessen. Dies gelingt
keineswegs in Handtuchreihe 24 rechts hinten, wo ran-
ziges Sonnenöl die Geruchsnerven foltert, Kinderge-
schrei jeden Lesegenuss zersägt und der aufdringliche
Typ nebenan sich immer noch für unwiderstehlich hält.
Urlaub am Meer reproduziert auf gespenstische Weise
die Schrecken des Angestelltendaseins: Man ist in sein
Badetuchcarré eingesperrt wie in ein Büro, rundherum
tummeln sich völlig irre Kollegen, und ständig wird an
Projekten (Sandburgen) gearbeitet.

Die Wahrheit ist, dass es Entspannung nicht umsonst gibt. Man muss sich, so paradox es klingt, ein bisschen für sie anstrengen. Anfangs flucht man vielleicht
sogar, weil die Haut an den Füßen Blasen schlägt. Nun
gut, dafür gibt es Blasenpflaster. Und spätestens am
zweiten Tag in den Bergen öffnet sich der Blick, die Brust
wird weit und man versteht, ohne dass man es in Worte
fassen müsste, wie lächerlich die Sorgen sind, die unten

im Tal das Herz beschweren. Ein Bäch ein plätschert quer über den Weg. Ein Vogel singt hemmungslos vor sich hin. Kleine krumme Tannen krallen sich am Hang fest. Wie gut dann die einfachsten Dinge schmecken! Ein Schluck Wasser aus der Plastikflasche, Brot mit Bauernbutter. Der Rucksack drückt kaum auf den Schultern. Irgendwann hört die Vegetation auf, die Füße suchen sich von selbst ihren Weg durchs Geröll. Die Wadenmuskeln erinnern sich wieder, wozu sie da sind. Die Luft in der Lunge wird knapp vor Anstrengung, aber Aufgeben gilt jetzt nicht, so kurz vor dem Gipfel. Endlich die Belohnung: Still und grün wie eine Landkarte liegt das Land vor einem da. Und mit einem Mal weiß man wieder, wozu man auf der Welt ist.

DIE BEATLES SIND DIE GRÖSSTEN

Jeder kennt die Beatles. Auch Leute, die sonst nur Schubert, Bach und Mozart hören und Popmusik im Grunde verabscheuen, können mühelos ihre Songs mitträllern: »Yeah, yeah, yeah« und »I wanna hold your hand«, von »Yellow Submarine« ganz zu schweigen. Woher kommt diese Universalität? Warum sprechen die Beatles alle Menschen auf fünf Kontinenten an, die Ohren haben und nicht taub sind? Ein Geheimnis ihres Erfolges ist gewiss: Die Beatles waren urtümlich und rau – echte Proletarier aus Liverpool, die auf der Reeperbahn debütierten. Es handelte sich um harte Jungs, die nur so taten, als seien sie niedlich. Das hört man bis heute. (Die Rolling Stones waren das glatte Gegenteil: niedliche Mittelschichtkinder, die als harte Kerle posierten.)

Ein weiterer Faktor, der den universalen Appeal der Beatles erklären mag, ist ihre enorme musikalische Radikalität. Die frühen Songs haben schon schräge Harmonien, doch später wird es vollends experimentell – man denke an die *musique trouvée* der Toncollage von »Revolution Number Nine«. Die Beatles haben die Popmusik konsequent gegen den Strich gebürstet: In »Eleanor Rigby« werden Streicher als Rhythmusinstrumente eingesetzt, in »Tomorrow Never Knows« laufen Tonbänder rückwärts, in »You Know My Name (Look Up My Number)« sind Dada-Elemente auszumachen. Die Beatles waren vielleicht die größten Avantgardisten der Musikgeschichte. (Die Stones dagegen blieben vorhersehbar, auch und gerade dort, wo sie die Experimente der Beatles kopierten.)

Wenn wir unsere Aufmerksamkeit einen Augenblick von der Musik abwenden und uns statt dessen auf Äußerlichkeiten konzentrieren, muss man neidlos anerkennen: Die Beatles haben Stilwillen gezeigt. Zuerst trugen sie Anzug und lächerliche Pilzfrisuren, später traten sie als Hippies mit Schnauzbärten und Militäruniformen auf. Außerdem überwanden sie das, was sie »bullshit in der Musik« nannten: dumme Tanzbewegungen auf der Bühne. (Mick Jagger führte sie wieder ein.)

Ein weiteres Geheimnis des Erfolgs der Beatles war zweifellos, dass es sich um vier Individualisten handelte. Jeder Einzelne von ihnen hatte das Zeug zum Popstar: Lennon, McCartney, Harrison und Ringo Starr haben dann ja auch beachtliche Solokarrieren hingelegt. (Die Rolling Stones hingegen waren Mick Jagger mit Begleitmusikern. Nicht einmal Jagger hat es wirklich allein geschafft, trotz mehrerer Anläufe.) Schließlich und vielleicht am wichtigsten: Die Beatles haben sich aufgelöst. So bleiben sie ewig jung. (Die Rolling Stones dagegen wirken Jahr für Jahr älter, was sie ja auch sind.)

DIE STONES SIND DIE GRÖSSTEN

Jeder kennt die Rolling Stones oder kann zumindest die Anfangstakte von »I Can't Get No Satisfaction« summen. Denn die Stones haben das Lebensgefühl einer ganzen Generation in Musik gefasst, als sie gegen den Mief, das Spießertum und die Sexualfeindlichkeit revoltierten. Dies gelang ihnen auch deshalb, weil sie bereit waren, musikalisch alles wegzuwerfen, was vor ihnen kam – so blieben sie vor dem Kommerzialismus gefeit. (Die Beatles dagegen waren Aufsteiger, also gefallsüchtig.)

Die Stones haben mit der europäischen Musiktradition gebrochen, was einen guten Teil ihrer Anziehungskraft ausmacht. Sie klangen von Anfang an amerikanisch – und nicht nur amerikanisch, sondern schwarz. Sie swingen: eins UND zwei UND drei UND vier ... (Die Beatles dagegen marschieren: EINS zwei drei vier ...) Die Rolling Stones waren exzellente Musiker: Keith Richards etwa hat die Kunst des Gitarrenriffs perfektioniert und eine eigene Schule des Spielens gegründet. Jaggers Harmonika klingt immer virtuos. (Lennons

Spiel war dagegen ein Witz, und er ließ es dann ja auch bald sein.)

Die Stones waren klug: Sie erkannten, welche Radikalität im neuen Stil der Beatles steckte, und haben diesen dann überboten. Während die Presse bald die Pilzköpfe niedlich fand, konnte sie sich nie so richtig mit den schulterlangen Haaren eines Brian Jones abfinden. Die Beatles lächelten immer noch in die Kameras. Die Stones aber kultivierten ihre Hässlichkeit und ließen sich von den Medien nicht vorschreiben, welchen Gesichtsausdruck sie gerade zu tragen hatten. Außerdem haben sie die Sinnlichkeit wieder in die Musik eingeführt: Ein englischer Junge konnte sich auf der Bühne wie ein Schwarzer aus Alabama bewegen – das war die große Emanzipation der weißen Jugend, die dann wieder nach Amerika zurückschwappte.

Die Stones hatten schöne Texte (viel schönere als die Beatles). Beispiele: »I sit and watch as tears go by« oder »But he can't be a man 'cause he doesn't smoke / the same cigarettes as me« oder »Our love was like the water / that splashes on a stone / our love is like our music / it's here and then it's gone« oder »Like a lady in waiting to a virgin queen / look at that stupid girl« oder »Black girls just wanna get fucked all night / I just don't have that much jam«. Wunderschöne Balladen: »I hear the telephone that hasn't rung …« Es handelt sich hier um große Dichtung! Schließlich: Die Stones haben bewiesen, dass Rock and Roll nicht nur für junge Leute gemacht ist. Ihre späten Tourneen haben etwas von der Passion eines Johannes Paul II.

HOCH DIE FLEISCHESLUST

Was den Menschen vor den Primaten auszeichnet, ist sein Gehirn. Es hat nicht nur die entscheidenden paar Gehirnwindungen mehr, es ist vor allem sehr groß. Diese Größe hätte das Gehirn ohne eine Extraladung Proteine nie angenommen – die Bedingung unserer Menschwerdung war darum eine radikale Umstellung der Ernährung. Als Vegetarier wären wir dumm und Tiere geblieben, erst als Fleischesser wurden wir klug. Zum Glück brauchen wir diese evolutionäre und vielleicht allzu vernünftige Rechtfertigung für die fleischliche Ernährung aber gar nicht. Die gastronomische Begründung reicht vollkommen aus: Denken wir nur an die Genüsse, auf die Vegetarier verzichten müssen. Das berühmte Wiener Schnitzel etwa – aus Kalbfleisch schön flach geklopft, mit Eiern, Mehl und Semmelbröseln paniert, dann in Fett schwimmend herausgebacken, dazu eine Portion von dem, was der Österreicher Petersilienerdäpfel nennt. So einfach wie himmlisch! Oder erinnern wir uns an die Freuden des Lammbratens: Das Fleisch einen Tag lang in Olivenöl und sieben Kräutern mariniert, scharf rundherum angebraten und auf der niedrigstmöglichen Temperatur so lange im Backofen vergessen, bis die Gäste kommen (das Innere soll noch rosig, aber nicht mehr blutig sein). Gestehen wir ruhig, dass es auch diese gewissen Momente gibt, wo es ein banales Steak sein muss. Gestehen wir außerdem, dass man diese gewissen Momente am besten in Amerika erlebt, wo die Kühe in der Pampa herumtollen, das Fleisch anders tranchiert wird und vor allem: länger abhängt. Das Resultat ist enorm und so zart, dass man es mit der Gabel schneiden könnte. Dazu ein Glas Rotwein aus Kalifornien (es werden im Laufe des Abends wohl zwei oder drei mehr werden). Und Würste? Dürfen wir in diesem Zusammenhang vielleicht Würste erwähnen? Nehmen wir ein paar hingehauchte Scheiben Salami aus Ungarn, so frisch, dass man den Esel noch schreien hört. Oder etwas Handfestes zum Auslutschen: Weißwürste aus dem Kessel mit diesem großartigen süßen Senf, den die Bayern machen, und einer krachenden Brezel – natürlich vormittags, quasi als zweites Frühstück.

Das Argument, mit dem man uns solche Genüsse ausreden möchte, ist zuvörderst ein moralisches: Es gehöre sich nicht, so heißt es, unsere vierbeinigen Freunde zu schlachten und zu verspeisen. Eigentlich sei das Kannibalismus. Darauf erwidern wir kauend, dass Möhren wahrscheinlich auch Gefühle haben, vom Endiviensalat ganz zu schweigen. Das hindert aber niemanden, Karotten zu ernten und brutal zu raspeln. Ernsthaft argumentiert: Die entscheidende, weil philosophisch nicht hintergehbare Grenze ist jene, die den sprachbegabten, schuldfähigen, seiner selbst bewussten Menschen vom Tier trennt. Dahinter sind alles nur unterschiedliche Stufen des Organischen. (Selbstverständlich ist das kein Freibrief, um Tiere zu quälen; und man soll jene, die man zu essen gedenkt, so schmerzfrei wie möglich töten.) Neben den Moralpredigern gibt es dann noch die Gesundheitsapostel: Sie wollen uns weismachen, Fleischessen sei ungesund oder sogar gefährlich – mal droht dieser, dann wieder ein anderer Virus. Modische Anfälle von Hysterie werden uns aber nicht verführen, dass wir die armen unschuldigen Lämmer, Kälber und Ferkel am Leben lassen.

FÜR EINE STRIKT VEGETARISCHE ERNÄHRUNG

Wie ein großer deutscher Denker sagte, beginnt die Barbarei in dem Augenblick, da jemand beim Anblick eines Viehtransports angesichts der jämmerlich schreienden Schafe, Kühe, Schweine, die instinktiv ahnen, was ihnen im Schlachthof bevorsteht, kalt konstatiert: »Es sind ja nur Tiere.« Eine der Fähigkeiten, die uns Menschen auszeichnet (vielleicht sogar die wichtigste), ist die Empathie. Es wäre monströs, wenn sie vor den Tieren haltmachte. Genauer: Wenn die Empathie sich nicht auf die Kreatur erstreckt, verflüchtigt sich am Ende jedes Mitleid, auch das für die eigenen Artgenossen. Gäbe es keine Schlachthäuser, würden wir bald auch aufhören, einander in Schlachten zu massakrieren, schrieb ein sehr weiser russischer Schriftsteller. Wer diese Einsicht beherzigt, der wird künftig kein Schnitzel mehr auf seine Gabel spießen. Auch vor Schinken und Schaschlik wird er sich mit Grausen wenden. Eine Ahnung davon findet sich übrigens in allen religiösen Speisegesetzen der Welt: Sofern sie nicht (wie bei den Buddhisten) ohnehin vegetarische Ernährung vorschreiben, machen sie den Fleischgenuss ungeheuer kompliziert (wie bei den

Juden und Muslimen). Ein angenehmer Nebeneffekt des Vegetarismus ist, dass man dabei kaum Gesundheitsrisiken eingeht: Möhren und Zwiebeln leiden nicht unter BSE, und man hört zwar viel von verdorbenem Fleisch, aber nie von Salatskandalen. Konsequenterweise sollte man nicht nur Fleisch von der Speisekarte streichen: Auch Fische leiden, wenn sie an der Angel zappeln. Und wer Eier verspeist, der könnte ja genauso gut Embryos essen.

Was bleibt dann noch übrig? Eine Menge! Es ist ein ganz besonders dummes Klischee, dass vegetarische Küche fade sei. Das lernt man etwa im Nahen Osten, angefangen beim Einfachsten: Man nehme frische Gurken und Tomaten, schnipple sie sehr klein, füge gehäckselte Nanaminze hinzu, ein bisschen frischen Zitronensaft, Salz, Pfeffer, aus Übermut noch einen Spritzer Olivenöl – fertig. Den so entstandenen Salat esse man stilgerecht mit dem Löffel aus einer großen Blechschüssel. Eigentlich gibt es nichts Besseres. Oder probieren wir jenes Gericht, auf das sich im Orient alle einigen können, Araber, Juden, Türken, Kurden, Drusen – gemeint ist Hummus. In Ostjerusalem gibt es einen Kiosk, wo man zuschauen kann, wie der Hummus angerührt wird: aus gekochten Kichererbsen, Techina (Sesampaste), Zitronensaft, dem Wasser, in dem die Kichererbsen gekocht wurden, Salz und nicht zu wenig zerdrücktem Knoblauch. Der Gast bekommt den Hummus in hübschen Tonschälchen und in kaltgepresstem Olivenöl schwimmend, dazu Essiggurken, Zwiebeln und flaches Pitabrot. Kein Besteck: Man löffelt den Hummus mit der Pita auf und wischt zum Abschluss das Tonschälchen damit sauber. Coca-Cola ist ein Getränk, das hervorragend damit harmoniert. In Jerusalem kann man aber auch frisch-gepressten Karottensaft trinken, der hier nicht nach Reformhaus schmeckt, sondern zuckersüß. Noch großartiger als im Nahen Osten ist das vegetarische Essen nur noch in Indien. Was die dort alles mit roten Linsen anstellen! »Dal« gehört zu den größten Wohltaten, mit denen man seinen Gaumen verwöhnen kann. Wer einmal von diesem heidnischen Manna gekostet hat, der lacht hinterher über alle fleischlichen Gelüste.

SEAN CONNERY: DER EINZIGE JAMES BOND

Schauen wir der unangenehmen Wahrheit ins Gesicht: James Bond ist ein Killer. Er kämpft zwar für die gute Sache, also den freien Westen, die britische Lebensart, Ihre königliche Majestät etc., und gegen das Böse an und für sich, das heißt gegen Ernst Stavro Blofeld. Das ändert aber nichts daran, dass er zum Vergnügen tötet. Im Schlaf verwandeln sich seine Züge in eine »schweigsame Maske, ironisch, brutal und kalt« – so steht es im ersten (und besten) aller James-Bond-Romane, in »Casino Royale«. Ihm eignet nichts Braves, nichts Bubihaftes; auch wenn er eine Neigung zum teuren Lebensstil hat (maßgeschneiderte Anzüge, exotische Zigaretten), ist er doch keine bürgerliche Existenz. Wo er geht und steht, umweht ihn die Tragik des existenziell Einsamen. Wenn er sich einmal ernsthaft verliebt, scheitert er unter Garantie – entweder das Püppchen entpuppt sich als feindliche Agentin oder als anständiges Mädchen, das natürlich längst einen Verlobten hat.

Nur dem Schotten Sean Connery gelang es, etwas von dieser Tragik einzufangen. Connerys Mund konnte sich in den passenden Momenten zu einer zynischen Grimasse verzerren. Wenn er lächelte, lächelten seine Augen nicht mit. Wenn es galt, einen der Handlanger des Erzbösewichts zu vermöbeln, schlug er mit Gusto zu. Connery verkörperte einen herzlosen Snob, keinen Bourgeois. Er hatte mehr als nur ein Büschel dunkle Haare auf der Brust – Zeichen einer dunklen und animalischen Natur. Diesem James Bond traute man noch zu, dass er es manchmal wild und ungehörig trieb. Dabei ließ er stets erkennen, dass es für ihn tiefere Leidenschaften gab als die geschlechtlichen. Großartig die Szene in »Man lebt nur zweimal«, in der er das Chirurgenmesserchen, das gerade dafür gedacht war, ihn seiner Männlichkeit zu berauben, gleich in der nächsten Szene benutzt, um einer rothaarigen Schönen lässig den Träger ihres Kleidchens durchzuschneiden. Übertroffen wird dies nur noch durch den Geschlechtsakt, den der Geheimagent in »Thunderball« mit einer anderen (aber gleichfalls rothaarigen) Dame durchführt. Sie gehört, wie sich danach herausstellt, zu den Nicht-so-besonders-Guten – das Zimmer füllt sich mit finsteren Gestalten, Madame richtet ihre Waffe auf Bonds Krawatte. Sie würde jetzt gern noch ein kleines Kompliment für ihre Liebeskünste hören. »Mein liebes Mädchen, schmeichle dir nicht«, versetzt Bond mit verächtlich herabhängenden Mundwinkeln. »Was ich heute Abend getan habe, habe ich für König und Vaterland getan. Du glaubst doch nicht etwa, es hätte mir Vergnügen bereitet!«

Müssen wir nach alledem auch nur ein Wort über den Anderen verlieren – diesen Kleiderständer, der perfekt die Kunst beherrschte, von einer Szene zur nächsten den Anzug zu wechseln? Diesen läppischen Grinser, der kein einziges Haar auf der Brust hat? Er kann nicht für zwanzig Pfennig schauspielern. Er weiß nichts von Tragik. Er gibt uns eine steife Abziehfigur, die mit der einsamen, großen, widersprüchlichen Gestalt aus den Romanen von Ian Fleming nur noch den Namen gemein hat. Vergessen Sie Roger Moore doch einfach und schauen Sie sich stattdessen wieder und wieder »Dr. No«, »Liebesgrüße aus Moskau«, »Thunderball«, »Goldfinger« und »Diamantenfieber« an – es lohnt sich.

ROGER MOORE: KEIN ANDERER 007

Für James Bond gilt wie für viele Dinge auf dieser Welt: Man darf ihn nicht allzu ernst nehmen. Das ist schon deshalb wahr, weil der Held von Ian Flemings Romanen uns heute nicht mehr recht zeitgemäß erscheint: Er bewohnt ein Paralleluniversum, in dem es noch gesund ist, mehrere Schachteln Zigaretten täglich zu rauchen, und die sportliche Kondition nicht beeinträchtigt wird, wenn man auf Schritt und Tritt mit Wodka gemixte Cocktails in sich hineinschüttet. Ein Universum zudem, in dem es als völlig akzeptabel gilt, auf Frauen herabzuschauen und Ressentiments gegen »Neger« (sie heißen in den Romanen noch so) und Koreaner zu hegen. Würde man diese Figur nicht ironisieren, müsste sie uns ein wenig unerträglich

erscheinen. Und diese Ironisierung gelang mit spitzbü-
bischem Charme dem Schauspieler Roger Moore.

Moore hatte ein glattes, hübsches Gesicht, das auch
als er älter wurde wenig von seiner Glätte verlor; doch
hatte er eine unnachahmliche Art, die Augenbrauen
hochzuziehen und dabei zu lächeln, während er atem-
beraubende Stunts vollführte oder Gespielinnen unver-
schämte Komplimente machte. Es gibt Episoden in den
Roger-Moore-Filmen, die wir nicht mehr missen möchten: etwa die berühmte Kaffeekochszene in »Leben und
sterben lassen«. Da besucht der britische Geheim-
dienstchef M seinen Untergebenen 007 bei sich zuhause. (Schon dies wäre bei dem dunkel-ernsthaften
Vorgänger-Bond unmöglich gewesen. Nie hätte M den
in seiner Wohnung aufgesucht. Wahrscheinlich hatte
Connerys James Bond gar kein Zuhause.) Es ist krimi-
nell früh, also brüht Roger Moore seinem Chef einen
Espresso: Dazu mahlt er erst einmal Bohnen, dann füllt
er sie in eine Maschine, die so martialisch aussieht, als
hätte die Technologieabteilung des Mossad sie entworfen, dann vollführt er Pumpbewegungen, um den
Dampf in die für ihn vorgesehenen Ventile zu zwingen –
das Ganze wirkt so kompliziert wie eine Geheimdienst-
operation inklusive Folterverhör und Agentenaustausch.
Am Ende steht eine winzige Tasse mit etwas dampfend
Schwarzem. M deutet auf die Maschine und erkundigt
sich: »Kocht die wirklich nur Kaffee?«

Großartige Verfolgungsjagden verdanken wir den
Roger-Moore-Filmen – mit Motorbooten durch die
Sümpfe von Louisiana, mit Gondeln durch die Kanäle
von Venedig – und nicht minder großartige Kampfsze-

nen: In »Moonraker« etwa zerdeppern James Bond und ein gegnerischer Ninja genüsslich die fragilen Schätze im Ausstellungsraum einer Glasbläserei. Der Wahrscheinlichkeit wird dabei eher selten gestattet, ihr hässliches Haupt zu erheben. Aber über jedem Film glänzt wie ein matter Goldton die sarkastische Liebenswürdigkeit des Hauptdarstellers.

Erst jener James Bond, den Roger Moore spielte, bewies die Überlegenheit der westlichen Demokratien im Kalten Krieg: Ein Gesellschaftssystem, das es sich leisten konnte, seinen berühmtesten Drachentöter so nonchalant durch den Kakao zu ziehen, musste seinen Feinden unendlich überlegen sein. (Ganz unvorstellbar wäre gewesen, dass die Sowjetunion sich im Kino auf dieselbe Weise über einen ihrer KGB-Helden lustig gemacht hätte.) Alle entscheidenden Schläge, das wusste schon der Kulturphilosoph Walter Benjamin, werden mit der linken Hand geführt. Roger Moores 007 ist die Verkörperung dieser Weisheit.

ES WIRD ALLES IMMER SCHLIMMER

CONTRA

Kein Zweifel kann daran bestehen, dass unsere Existenz – im Vergleich zum Leben unserer Vorfahren – bequemer geworden ist. Maschinen helfen uns beim Addieren von Zahlen, bei der Fortbewegung von Punkt A nach Punkt B, beim Heben von schweren Laster. Wir haben es sogar geschafft, durch die Luft und bis zum Mond zu fliegen. Das Dumme ist nur, dass wir uns dabei selbst abhanden gekommen sind. Man kann allerhand gegen das Mittelalter sagen – es stank, die medizinische Versorgung war schrecklich, die Bauern lebten in Leibeigenschaft –, aber immerhin wusste der mittelalterliche Mensch noch, wo ihm der Kopf steht. Er war mit den grundlegenden Tatsachen vertraut: Unter ihm tat sich der Höllenschlund auf, über ihm lockte das Paradies. Man trat auf der Erde, die zwischen diesen Sphären lag, also vorsichtig auf und tat besser nichts, was die ewige Seligkeit gefährden konnte. Der moderne Mensch dagegen bewegt sich wie ein Gespenst im Erdenrund: Je besser er den Kosmos versteht, desto weniger weiß er, wo er sein Selbst verorten soll. Er erforscht die intimsten Geheimnisse der Kernphysik und übersieht dabei den blinden Fleck in seinem Inneren, den die Wissenschaft nicht zu füllen vermag. Er möchte ein nackter Affe sein, ein Säugetier mit ein paar höheren Gehirnfunktionen, und spaltet darum seine Seele von sich ab – ruhelos irrt sie seither durch die Welt und findet keine Heimat mehr. Am deutlichsten kann man den Verlust anhand der Musik ermessen. In den Harmonien von Johann Sebastian Bach hören wir noch eine Seele: Sie klagt im Ton der Oboen, sie jubiliert im Takt der Trompeten. In der kalten neueren Musik dagegen hat die Seele nichts mehr verloren (sie weiß also nicht einmal, dass es etwas gibt, wonach sie sich sehnen könnte). Im Prinzip gilt dasselbe für die Architektur. Als wir noch Schlösser, Kathedralen, Bürgerhäuser und Bauernkaten entwarfen, hatte die Seele einen festen Sitz. Seit wir uns damit begnügen, funktionale Bauten zu errichten, friert das Gemüt sich zu

Tode: Sollten Archäologen einst die Glaspaläste und Wohnsilos unseres Säkulums freischaufeln, werden sie bis tief ins Mark erschauern.

Nur ein Verblendeter könnte behaupten, dass die Menschheitsgeschichte zum immer Besseren fortschreite. Gewiss hat es seit grauer Vorzeit Kriege und Massaker gegeben. Aber die Dimensionen haben sich geändert: Während des Völkermordes von Ruanda (1994 n. Chr.) wurden in wenigen Tagen mehr Menschen ermordet als im gesamten Peloponnesischen Krieg – und der dauerte immerhin 27 Jahre (von 431 bis 404 v. Chr.). Wohlgemerkt, der Genozid von Ruanda fand in unserer ach so aufgeklärten Epoche statt. Richtet man den Blick unerschrocken auf die Grausamkeiten, muss man von einem kontinuierlichen Niedergang sprechen: Sämtliche Ausrottungsfeldzüge der Bronzezeit nehmen sich nur wie ein Vorspiel zum Dreißigjährigen Krieg aus (1618 bis 1648), der in Deutschland ganze Landstriche entvölkerte. Grimmelshausen malt in seinem »Simplicius Simplicissimus« ein realistisches Bild davon. Wenn uns der Dreißigjährige Krieg das Blut nicht mehr in den Adern stocken lässt, dann deswegen, weil das Kriegshandwerk seither noch mehr Hekatomben forderte – bis hin zur Katastrophe des Ersten Weltkriegs (1914 bis 1918), in dem Europa sinnlos seine junger Männer verheizte. Doch das Jahrhundert war noch nicht zu Ende. Es offenbarte, dass es schlimmere Übel gibt als Krieg: Die Deutschen stellten alle Pogrome der Vergangenheit in den Schatten und verübten an den Juden den größten Völkermord der Geschichte. Stalin ließ deportieren und in Arbeitslagern zu Tode schinden, bis es in der Sowjetunion kaum eine Familie gab, die nicht wenigstens ein Mitglied verloren hätte. Mao Tsetung erwies sich als Stalins gelehriger Schüler und entfesselte noch mehr Grausamkeiten. Zu solchen Taten ist nur das entfremdete Selbst fähig, das in dieser Welt kein Zuhause findet – das Selbst, das keiner höheren Instanz Rechenschaft schuldet.

Zwischendurch hat es immer wieder Zeiten des Friedens gegeben. Wir glaubten nach dem Zusammenbruch des Sowjetreiches leichtsinnig, wir würden eine solche Zeit erleben – aber diese Ruhepause ist schon wieder vorbei. Derzeit sehen wir uns einem Aufstand von gläubigen Muslimen gegenüber, die sich nicht durch Vernunft und Humanität gebunden fühlen und ihre Hände nach der absoluten Waffe ausstrecken. Gibt es einen Zweifel, dass sie die Atombombe auch einsetzen werden? Und was wird am Ende von unserer rationalen, gottverlassenen, vom Ennui geplagten Zivilisation übrig bleiben?

ES WIRD ALLES IMMER BESSER

PRO

Im Grunde gibt es nur einen Indikator, an dem sich der Fortschritt objektiv ablesen lässt: die Lebenserwartung. Nimmt man sie zur Grundlage, ist der Befund eindeutig. Wer in der Steinzeit die dreißig erreichte, war ein Opa – danach starb man entweder an irgendeiner Krankheit oder wurde vom Säbelzahntiger gefressen. In der klassischen Antike sah es statistisch schon ein bisschen besser aus. Aber noch in der Shakespearezeit galt ein Vierzigjähriger als alter Mann, der in Bälde das Zeitliche segnen würde. Und Immanuel Kant wurde mit fünfzig als »ehrwürdiger Greis« angesprochen – das war keineswegs ironisch gemeint. Vergleichen wir das mit der heutigen Situation. Wir werden in einem Alter pensioniert, das kaum ein Bürger des Imperium Romanum erleben durfte. Rüstige Achtzigjährige kraxeln auf den Alpen herum. In den entwickelten Ländern werden immer mehr Neunzig- und sogar Hundertjährige gezählt. Aber es ist ja nicht nur die Lebensspanne, die beträchtlich länger wurde: Auch die Art des Sterbens hat sich über die Jahrtausende verändert. Es hat dabei viel (wenn nicht sogar das meiste) von seinem Schrecken verloren. Als Goethe starb, verbrachte er seinen letzten Erdentag vor Schmerz schreiend – heute könnten wir ihn mit den Mitteln der Palliativmedizin sanft einschlafen lassen.

Überhaupt, der medizinische Fortschritt! Nur ein Narr könnte ihn bestreiten. Allerhand Unsinn wird heutzutage über die »Unmenschlichkeit der Gerätemedizin« geschwätzt – aber früher starben die Menschen an gebrochenen Beinen, oder Mütter siechten im Kindbett dahin, weil die Geburtshelfer nicht auf die Idee kamen, sich nach dem Leichensezieren auf dem Weg in den Kreißsaal noch schnell die Hände zu waschen. Im Mittelalter ließ man sich Zähne vom Barbier herausreißen, einem groben Burschen mit Eisenzange: Wenn man Glück hatte, gelang es ihm, den Zahn zu extrahieren, ohne dass dabei allzu viel Kiefer mitging. Blieb die Zahnwurzel aber stecken, konnte man nur geduldig warten, bis sie von selbst herauseiterte. Krankenhäuser waren bis weit ins neunzehnte Jahrhundert hinein Orte, wo die Chance, am Wundbrand zu verrecken, vielleicht ein wenig kleiner war als die Chance, sie geheilt wieder zu verlassen. Nicht zu vergessen: Den größten Teil ihrer Geschichte hat die Menschheit ohne Narkosemittel überstehen müssen. Allein aus diesem Grund ist es eine Gnade, in unserer Zeit geboren zu sein. Von den armen Geisteskranken wollen wir in diesem Zusammenhang gar nicht anfangen: In der Antike hat man sie häufig kultisch verehrt, ließ sie aber auch ungerührt in ihrem eigenen Dreck sterben, wenn es den Göttern so gefiel. In der Neuzeit sperrte man sie in Irrenhäuser und peitschte sie aus, und an Besuchertagen war es erlaubt, die weiblichen Patienten gegen Entgelt zu vergewaltigen. Erst spät fing man an, in den psychisch Kranken vor allem Leidende zu sehen, und erst in unseren Tagen sind Medikamente entwickelt worden, durch die man wenigstens die Symptome behandeln kann, so dass Schizophrene nicht mehr dauernd Stimmen hören und Psychotiker nicht mehr dauernd Angst haben müssen.

Entgegen einem verbreiteten Gerücht ernähren wir uns gesünder als unsere Vorfahren. Wir wissen, was Vitamine und Ballaststoffe sind und wie viel man davon zu sich nehmen sollte; wir haben rund um das Jahr Zugang zu frischem Obst und Gemüse aus allen Weltgegenden. Auch das Risiko, an einem Krieg zu krepieren, ist deutlich geringer geworden. Es gibt überhaupt nur noch zwei Regionen, wo militärische Auseinandersetzungen häufig sind: im Nahen Osten und in Afrika – auf dem Rest des Planeten bleibt es ruhig. Außerdem sind die Methoden der Kriegsführung immer humaner geworden. Man lese Homer, die hebräische Bibel, Thukydides oder die Bhagavadgita: wie normal galt dem Altertum doch das Hinmetzeln ganzer Bevölkerungsgruppen! Es war nichts, wofür eine kriegführende Macht sich schämen musste. Die ersten rechtlich verbindlichen Regeln zur Einhegung der Massaker sind dann auch nicht im Interesse von Zivilisten, sondern zum Schutz der Kombattanten erlassen worden. Das hat sich gründlich geändert. Mittlerweile macht der General einer westlichen Nation sich nicht nur strafbar, wenn er einen vorsätzlichen Angriff auf die gegnerische Zivilbevölkerung befiehlt – er muss sogar das Leben der feindlichen Soldaten schonen, sofern sie nicht in Kampfhandlungen verwickelt sind. Dass uns das blutige Geschäft des Krieges mit einem Horror erfüllt, den frühere Geschlechter nicht kannten, ist vielleicht das wichtigste Argument zugunsten unserer Epoche.

BEQUEM ANZIEHEN!

Nur in bequemer Kleidung fühlt man sich rundum wohl. Das ordentliche Jackett wird im Rücken immer ein wenig spannen, und die teuren Budapester Schuhe drücken beim Gehen, aber in Trainingshosen und Schlabberpullover ist man wohlig warm geborgen. Noch wichtiger: Nur bequeme Kleidung ist wahrhaft individuell. Sie gehört ganz unzweifelhaft zu dem, dessen Leib sie schlotternd beherbergt, sie hat etwas von seiner Aura angenommen. Der Sonntagsstaat dagegen ist genormt. Er sieht an allen, die ihn tragen, gleich steif aus, er lässt eine individuelle Aura schmerzlich vermissen.

Mit diesem Hang zur Individualität mag zusammenhängen, dass Genies beinahe immer leger herumlaufen. Gewiss, es gibt vereinzelt Bilder von Albert Einstein, auf denen er Anzug und Fliege trägt – aber er wirkt dort immer unglücklich. Entspannt ist er auf den vielen Fotos, wo man ihm den zerstreuten Professor anmerkt, der sich um Äußerlichkeiten nicht schert. Wann ist ihm wohl die Idee mit den geodätischen Weltlinien gekommen: als er sich den Nobelpreis-Frack zuknöpfte oder als er sich das Freizeit-Baumwollshirt über den Kopf zog? Und es war ja nicht nur Einstein, der am liebsten wie ein Schlumpf herumlief. Shakespeare wirkt auf dem schönsten Porträt, das wir von ihm haben – jenem, wo er einen Ring im Ohr trägt – wie ein englischer Seeräuber. Brecht ließ sich zwar seine Seidenhemden maßschneidern, zog aber eine Lederjacke drüber und setzte eine proletarische Schiebermütze auf. Marcel Proust empfing Gäste häufig im Morgenmantel. Den genialen Mathematiker Paul Erdős hätte man aus der Ferne mit einem Penner verwechseln können, und eigentlich sah er auch aus der Nähe so aus. Peter Altenberg trug Sandalen.

Wer sich so herausstaffiert – das heißt: wer so konsequent auf das Herausstaffieren verzichtet –, der muss über ein enormes Selbstbewusstsein verfügen. Mit Schlips und Kragen eine gute Figur machen, das kann schließlich jeder Heini. Eine Kunst ist es, in geflickten Jeans und kariertem Holzfällerhemd Charisma zu entfalten. Analog beweist sich die Damenhaftigkeit der wahren Dame nicht im Abendkleid: Wirklich schön ist nur die Frau, die noch im Blaumann unwiderstehlichen Charme verbreitet.

KLEIDE DICH MODISCH!

Im Gemüt sieht es bohèmienhaft genug aus. Da streiten und verwirren sich Leidenschaft und Verstand, da reift Unausgegorenes in den bauchigen Fässern des Unterbewusstseins heran, da stapeln sich Projekte und Pläne wie Bücher und Zeitschriften auf dem Fußboden einer Studentenbude; durch die Seelenräume aber stolpert mit aufgelöstem Haar das Ich, das – wie wir seit Dr. Sigmund Freud wissen – nicht Herr ist im eigenen Haus. Das Chaos könnte größer gar nicht sein. Man soll sich also wenigstens ordentlich anziehen. Es wäre gleichzeitig zu viel und zu wenig des Guten, wollte man die Unordnung, die im Inneren wütet, auch noch äußerlich reproduzieren. Es kommt darauf an, das Seelentohuwabohu hinter stilvoller Camouflage zu verbergen.

Aber ist ein schlampiges Äußeres nicht die genuine Ausdrucksform des Genies? Nein, das will nur ein dummes romantisches Klischee so. In Wahrheit haben gerade die herausragenden Geister sich immer gern in Schale geschmissen. Denken wir an den Leipziger Thomaskantor Johann Sebastian Bach mit seiner Puderzopfperücke, denken wir an Thomas Mann, der im Leben nicht daran gedacht hätte, in der Öffentlichkeit etwas anderes zu tragen als Anzüge. Denken wir auch an Oscar Wilde: Seine Auftritte hatten zwar häufig etwas Schrilles – das war er seinem Ruf als Dandy schuldig –, aber nie wäre er auf die degoutante Idee verfallen, seinen Körper in irgendwelche Stofffetzen zu hüllen, nur weil sie bequem waren. Charaktermängel mögen verzeihlich sein, denn sie sind häufig angeboren. Aber für Mangel an ästhetischem Empfinden gibt es keine Entschuldigung.

Dies bringt uns zum letzten, dem wichtigsten Punkt: Wer sich gut und modisch kleidet, beweist Selbstachtung. Manschettenknöpfe, Seidenkrawatten und glänzende Schuhe sind Insignien dafür, dass man es sich und den anderen wert ist. Ein Mensch, der sein Äußeres aufpoliert, kann souverän eine öffentliche Rolle spielen. Wer dagegen herumläuft wie ein Schluri, gibt zu erkennen, dass ihm im Grunde alles egal ist, und nötigt seiner Umwelt damit ungebeten Einblicke in sein Innenleben auf. Wer sich aber selbst so wenig achtet, wird auch vor anderen keine Achtung haben.

PRO

GOETHE WAR DER BESTE

Nichts gegen Schiller! Der Mann hatte zweifellos sehr edle Ansichten, und man muss bewundern, wie es ihm gelang, sich aus bescheidenen Verhältnissen hochzuarbeiten. Auch ist manches in den Dramen gar nicht übel. Manches ist dann aber auch schrecklicher Kitsch; beim Schluss seines Stücks über die heilige Johanna von Orléans etwa muss der Leser ins Grübeln kommen, ob der Dichter sich selbst parodieren wollte oder ob er den Verstand verloren hat. Und als Lyriker war Schiller immer eine Katastrophe. Seine Verse erinnern an jene jugendlichen Muskelpakete mit Migrationshintergrund, die glauben, sie sähen gut aus, wenn sie drei Ringe an jedem Finger und dann noch ein Goldkettchen ums Gelenk tragen: Sie sind hemmungslos überladen. Da ist leider nichts zu retten.

Goethe war da doch ein ganz anderes Kaliber. Seine größte Tugend war seine Neugier – dieser Mann wollte tatsächlich etwas wissen, wollte alles durchstreifen, auskosten, herauskriegen. Noch dort, wo er irrte, war er groß. Seine Farbenlehre ist naturwissenschaftlich gesehen gewiss Humbug – aber auch in ihr spüren wir noch den dringenden Wunsch, sich die Welt begreiflich zu machen (und gleichzeitig einen sympathischen Widerwillen gegen Galilei und Newton, für die das Buch der Natur schwarz auf weiß in Zahlen geschrieben war; Goethe hätte es gern ein wenig bunter gehabt). Dieser Schriftsteller hat das erfolgreichste Reisebuch der deutschen Literatur hervorgebracht, das sagt eigentlich alles. In der Regel mögen die Deutschen diese Art von Büchern nicht, die darauf basiert, dass ein Mensch irgendwo hinfährt, sieben Sinne für seine Umgebung offenhält und hinterher notiert, was er erlebt hat. Genau ein solches Werk ist Goethes »Italienische Reise«, und seltsamerweise hat das deutsche Publikum ihm seine weltoffene Haltung (man könnte auch sagen: seinen Mangel an Idealismus) verziehen. Und wofür interessierte sich Goethe nicht alles: für den Vesuv ebenso wie für Theateraufführungen, bei denen junge Männer wie zu Shakespeares Zeiten die Rollen von Frauen spielten. Für Gesteinsformationen. Für Kunst, für die neueste Mode, für die Verse von Dante Alighieri. Für jeden

Geruch und Geschmack, den er unterwegs in sich aufsog.

Hier wird es nun vielleicht doch Zeit, ein paar Worte über das Nationaldrama zu verlieren, das Goethe den Deutschen geschenkt hat. Es ist das am wenigsten spießige Theaterstück, das man sich nur denken kann: Die alte Geschichte vom Dr. Faust, der seine Seele an den Teufel verkauft, wird so kunstvoll mit der modernen Geschichte von der Kindsmörderin verschraubt, dass keine Fuge sichtbar bleibt. Was für ein Geniestreich! Auf der einen Seite der schwärzeste Spott, der je über den deutschen Intellektuellen an und für sich ausgegossen worden ist. (Denn was ist dieser Faust? Ein Herr Professor, der sich nach dem verzehrt, was er für das wahre Leben hält. Und als er endlich aus seiner tristen Studierstube ausbricht, was tut er da? Er schwängert prompt ein Mädchen und lässt es in der größten Not sitzen, weil er ein mieser kleiner Feigling ist.) Doch auf der anderen Seite ist die Tragödie vom Dr. Faust auch die aufregende Geschichte einer lebenslangen Suche (die sich am Ende als Melodram entpuppt). Denn was diesen Dr. Heinrich Faust auszeichnet, ist just die Kardinaltugend seines Schöpfers: unersättliche Neugier. Darum, nur darum kann seine arme schwarze Seele zu guter Letzt erlöst werden.

Ganz nebenbei die Hauptsache: Goethe war der beste erotische Dichter, den es in diesen Breiten je gab, Brecht eingeschlossen. Er war eben wirklich das Gegenteil eines Spießers. Zwar hat er bis in seine hohen Dreißiger gewartet, ehe er zum ersten Mal mit einer Frau schlief (die erotische Erweckung fand in Rom statt, dem schönsten Ort, den man sich dafür vorstellen kann); in diesem Fall kann

man nur sagen – das Warten hat sich für die Literatur-
geschichte gelohnt. Goethes erotische Verse sind hemmungslos und verspielt, witzig und erregend, zwischendurch auch immer wieder ergreifend, und sie haben bei
aller Sinnlichkeit nichts von der grölenden deutschen Bier-
zote an sich. Dieser Dichter, den man nicht mit dem ver-
zopften Denkmal verwechseln sollte, das ihm die Philister
errichtet haben, wusste eben, dass »zwei Hebel viel aufs ir-
dische Getriebe« vermögen: »Sehr viel die Pflicht, unendlich mehr die Liebe.«

SCHILLER WAR VIEL BESSER

Nichts gegen Goethe! Der »Faust«, erster Teil, ist ja ganz
hübsch, und es gibt eine Handvoll gelungener Gedichte.
Aber der »Faust II« ist schauderhaft: Dieses Stück hat die
Struktur eines breitgesessenen Marsriege s – das heißt,
der Dichter reiht nach der Devise »Und dann … und
dann … und dann« Szenen aneinander, ohne inneren
Halt, ohne jede dramatische Struktur. Nach Spannung
sucht man vergeblich, nichts entfaltet sich, Goethe hat
lediglich seine Ideen bebildert. Er nimmt hier die ödes-
ten Wüsteneien der deutschen Innerlichkeits-Poesie
vorweg. Wer aber Goethe ohne Vorbehalt einen großen
Lyriker nennt, der hat offenbar noch nie seine Nase in
den »West-Östlichen Diwan« gesteckt: gereimte Platti-
tüden, wohin man auch schaut (der höfliche Ausdruck
dafür lautet: Gedankenlyrik). Und seine Romane? Zugegeben, die »Wahlverwandtschaften« sind ordentlich

konstruiert (eigentlich zu ordentlich). Leider merkt man aber häufig, dass Goethe das Zeug diktiert hat – etwa wenn er die Enden von Kapiteln mit irgendwelchen Floskeln hinschludert; wahrscheinlich wurde der Meister dann gerade zum Mittagessen gerufen.

Da gab sich Schiller doch eindeutig mehr Mühe. Jedenfalls war er der begabtere Dramatiker: Dieser Mann wusste, was ein Plot ist! Schillers Dramen sind geradezu rasend spannend. Da werden vorne Geheimnisse versteckt, die hinterher ausgewickelt werden wie bunt bemalte Ostereier – und oft genug tickt dieses Ei, wenn man es sich ans Ohr hält, und erweist sich als Bombe Surprise. Da werden die feinsten Intrigen gesponnen, und gerade wenn man denkt: Jetzt geht die Fliege ins Netz, verfängt sich die Spinne selbst in ihren Klebefäden. Die größte Stärke dieses Dichters war, dass er die Kolportage nicht verschmähte: »Die Verschwörung des Fiesco« etwa ist ein feudaler Krimi und das Drama einer verratenen Revolution, beides in einem. (Hätten alle Revolutionäre dieses Stück gekannt – wie viel welthistorischer Unsinn wäre uns erspart geblieben!) Von den jugendlich-hitzigen »Räubern« bis zu den reifen Wallenstein-Stücken – die Konstruktion ist immer großartig durchdacht. Und dieser Dichter hatte das absolute Gehör für Dialoge: Man vergleiche einmal Schillers tönendes Erz mit dem Blech, das die Theaterautoren von heute ihre Figuren aufsagen lassen. Obwohl es die Diktion des achtzehnten Jahrhunderts ist, wirkt Schillers Sprache vielfach moderner. Kein Zweifel: Wenn er noch leben würde, er schriebe Drehbücher. Wahrscheinlich würde er es sich nicht nehmen lassen, auch Regie zu führen. Schiller als Autorenfilmer –

das ist eine ebenso reizvolle Vorstellung, wie es Shakespeare in Hollywood wäre.

Mit Shakespeare verbindet Schiller noch etwas anderes: sein grandioser Sinn für Geschichte. Es gibt keine besseren Dramen über das, was man im modernen Jargon self-fulfilling prophecy nennt, als »Wallensteins Tod«; es gibt kein besseres Stück über die Frage, was Macht eigentlich bedeutet, als die »Maria Stuart«; und im »Wilhelm Tell« wird die brandaktuelle Frage verhandelt, wodurch Gewalt legitim werden kann. (Wenn das nächste Mal jemand den gedankenlosen Satz wiederholt, des einen Terrorist sei des anderen Freiheitskämpfer, sollte man ihm einfach und kommentarlos den Schluss dieses Dramas über den Kopf hauen.) Dabei haben wir noch nicht vom Wichtigsten gesprochen: Dieser Schiller hatte einen moralischen Kompass in der Brust. Seine Sympathie gehörte den Getretenen, den – und sei es von der Geschichtsschreibung – ungerecht Behandelten: Er fühlte mit den Opfern. Gerade dann, wenn sie so hoffnungslose Fälle sind wie Ferdinand und Luise in »Kabale und Liebe«, die von Anfang an nur im Tod glücklich werden können, weil es für ihre Liebe im schäbigen Diesseits keinen Platz gibt. Schiller war Realist genug, um zu sehen, dass die Welt, so wie sie eingerichtet ist, keine idealen Höhenflüge duldet; aber er hatte das Herz, trotzdem für jene Partei zu ergreifen, die unter die Räder geraten. Auch dies unterscheidet ihn vorteilhaft vom manchmal allzu olympischen, ausgewogenen, empörungsfernen Goethe.

Und Schillers Gedichte? Natürlich handelt es sich nicht um Lyrik – in Wahrheit haben wir es mit hochdramatischen Gebilden zu tun. Schillers Balladen etwa könnte man zur Not vor vollen Fußballstadien deklamieren. Bitte, welcher zeitgenössische Dichter dürfte das von seinen Versen behaupten?

SMS: VOLL COOL

Was war das früher doch umständlich: Wenn man sich mit jemandem verabreden wollte, schrieb man ein Billet, das per Postkutsche verschickt und auf einem Silbertablett überreicht wurde – und dann musste man auf die Antwort warten, ehe vielleicht etwas aus dem Treffen wurde, vielleicht aber auch nicht. Später griff man zum Telefonhörer, aber immer noch galt es, zunächst zu einer Vereinbarung zu finden – erst danach konnte die reale Begegnung stattfinden. Heute holt man in einer spontanen Regung sein Händie heraus, tippt ein: »Ich gehe ins Kino, kommst Du mit?«, und schon eine Sekunde später weiß man, ob der Adressat gerade Zeit und Lust hat. Die SMS hat somit eine stille soziale Revolution ausgelöst: Sie hat die gute alte Verabredung obsolet gemacht. Seither planen wir unsere Freizeit sozusagen im Fluss, wir lassen uns treiben und überlegen, während wir allein oder in Gruppen unterwegs sind, wen wir jetzt – jetzt im Augenblick – gerade noch dazubitten wollen. Welch eine Erleichterung!

Indes hat die SMS nicht nur das komplizierte Verabredungsritual über den Haufen geworfen; sie hat auch die erotischen Beziehungen erheblich vereinfacht. Früher schrieben die Leute noch Liebesbriefe, mit der Hand, auf extra ausgewähltem, womöglich duftendem Papier! Hinterher warteten sie zitternd auf Antwort und mussten tagelang getröstet werden, wenn nichts zurückkam (oder die Antwort ungünstig ausfiel). Später wurden die Liebesbriefe durch quälende Telefonate ersetzt, Telefonate voller Stammeln und Schweigen, und häufig waren es gerade die Ehrlichen, die reinen Herzens Verliebten, denen es vor lauter Schüchternheit nicht gelang, die Nummer des innig vermissten Menschen zu wählen. Heute geht das so schön einfach: Man tippt »Willst Du mich wiedersehen?« oder »hdgdl« (die Abkürzung für »hab Dich ganz doll lieb«) in die Tastatur. Wagemutige Mädchen verschicken vielleicht sogar ein Foto von sich selbst im Bikini. Welch ein Fortschritt!

Die berühmteste Liebestragödie der Menschheit hätte übrigens durch eine schlichte SMS verhindert werden können. Zu dem entsetzlichen Ende von Romeo und Julia kam es ja nicht durch unergründlichen Schicksalsschlag, sondern durch ein allzu ergründliches Versagen der Post – Romeo erhielt den alles erklärenden Brief nicht, der ihn darüber informiert hätte, dass seine Geliebte nur scheinbar Gift geschluckt hatte, er also lediglich neben ihr warten müsse, bis sie aufwachte, um sie an der Hand zu nehmen und über alle Berge zu ziehen und dort, fern vom öden Familienstreit der Montagues und Capulets, eine fröhliche Horde Kinder zu zeugen. Heute würde einfach sein Händie piepen und eine Schrift erscheinen: »Schatz, bin mal eben tot. Mach dir aber keine Sorgen. Bin gleich wieder bei dir.« Schon könnte Romeo die Flasche mit dem echten Gift wegwerfen, die er zwecks Selbstentleibung gezückt hatte – Happy End.

SMS: VOLL DANEBEN

Was war das früher doch stilvoll: Wenn man sich mit jemandem verabreden wollte, schrieb man ein Billet, das per Postkutsche verschickt und auf einem Silbertablett überreicht wurde – und dann musste man auf die Antwort warten, ehe vielleicht etwas aus dem Treffen wurde, vielleicht aber auch nicht. Später griff man zum Telefonhörer, aber immer noch galt es, zunächst zu einer Vereinbarung zu finden – erst danach konnte die reale Begegnung stattfinden. Heute holt man in einer spontanen Regung sein Händie heraus, tippt ein: »Ich gehe ins Kino, kommst Du mit?«, und schon eine Sekunde später weiß man, ob der Adressat gerade Zeit und Lust hat. Die SMS hat somit eine verhängnisvolle Revolution ausgelöst: Sie hat die gute alte Verabredung obsolet gemacht. Seither planen wir unsere Freizeit sozusagen im Fluss, wir lassen uns treiben und überlegen, während wir allein oder in Gruppen unterwegs sind, wen wir jetzt – jetzt im Augenblick – gerade noch dazubitten wollen. Welch ein Kulturverfall!

Indes hat die SMS nicht nur das komplizierte Verabredungsritual über den Haufen geworfen; sie hat auch die erotischen Beziehungen verflacht. Früher schrieben die Leute noch Liebesbriefe, mit der Hand, auf extra ausgewähltem, womöglich duftendem Papier! Hinterher warteten sie mit flatterndem Herzen und freuten sich wie die Schneekönige, wenn sie zitternd den Umschlag mit der Antwort aufrissen. Manchmal ging der Briefwechsel monatelang, und während die Gemüter erotisch immer erhitzter wurden, hatten die beiden Liebenden gründlich Gelegenheit, ihre Seelen offenzulegen und einander immer besser kennenzulernen. Später wurden die Liebesbriefe durch Telefonate ersetzt, Telefonate voller Stammeln und kostbaren Augenblicken sublimsten Schweigens – und was für ein Triumph war es für die Ehrlichen, die reinen Herzens Verliebten, wenn sie ihre Schüchternheit überwanden und endlich die Nummer des innig vermissten Menschen wählten! Heute geht das einfacher: Man tippt »Willst Du mich wiedersehen?« oder »hdgdl« (die Abkürzung für »hab Dich ganz doll lieb«) in die Tastatur. Es gibt sogar Schlampen, die verschicken Fotos von sich selbst im Bikini. Welch eine Banalisierung!

Die berühmteste Liebestragödie der Menschheit hätte übrigens auch durch eine SMS auf gar keinen Fall verhindert werden können. Zugegeben, das entsetzliche Ende von Romeo und Julia ist weder auf einen Schicksalsschlag noch auf einen Charakterfehler seiner Helden zurückzuführen, sondern auf ein banales Versagen der Post – Romeo erhielt den alles erklärenden Brief nicht, der ihn darüber informiert hätte, dass das Gift, das seine Geliebte geschluckt hatte, von einem schlauen Mönch zusammengepanscht war und sie in Wirklichkeit nur in einen todesähnlichen Schlaf sinken ließ. Heute wäre das anders; heute wäre vermutlich im entscheidenden Moment der Akku seines Händies leer.

PRO

WEIN IST FEIN

Wahrscheinlich muss es Bier aus irgendeinem Grund geben. Es wird schon seinen Sinn haben, dass Leute, die nichts Gescheites mit ihrer Zeit anzufangen wissen, aus Hopfen und Malz ein Gebräu herstellen und in Fässer abfüllen, das bitter schmeckt und auf geradem Weg zu einer Bierwampe führt. Welchen Sinn diese Übung hat, ist zwar nicht ohne Weiteres ersichtlich, aber es geschieht ja hienieden, wie gesagt, nichts ohne Grund. Wenden wir uns nun umgehend erfreulicheren Themen zu! Denn über Wein brauchen wir nicht lange nachzugrübeln. Wein ist eine Notwendigkeit – zunächst einmal aus religiösen Gründen. Sowohl das Judentum als auch das Christentum kämen keine Woche lang ohne den edlen Saft der Reben aus: Dieses, weil zu jeder festlichen Mahlzeit am Sabbat der Weinsegen (»Kiddusch«) gehört; jenes, weil eine Abendmahlszeremonie ohne Rotwein schlicht undenkbar wäre. Die Katholiken glauben sogar felsenfest daran, dass sich der Wein im selben Augenblick, da ein Glöckchen schellt, buchstäblich – nicht nur symbolisch – in das Blut Jesu Christi verwandelt. Ob es sich wirklich so verhält, wagen wir auch nach dem Zweiten Vatikanum nicht zu ergründen, aber auf jeden Fall ist sicher, dass die Sache mit Bier nicht funktionieren würde. Das Einzige, in was sich Bier nach heftigem Glöckchengebimmel verwandeln könnte, wäre das, was der Zimmermannssohn aus Galiläa von sich gab, nachdem er zu viel Wein genossen hatte.

Das bisher Gesagte könnte zu dem Trugschluss verleiten, nur religiöse Notwendigkeiten sprächen für vergorenen Traubensaft. Das ist keineswegs so! Die wichtigsten Argumente für den Wein liefern immer noch die Nase und der Gaumen – und zwar, wohlgemerkt, für jede Sorte Wein, ob er nun rot, weiß oder rosé ins bauchige Glas fließt, ob er aus der Alten oder der Neuen Welt oder gar von den Golanhöhen kommt, ob er trocken nach flirrender Mittagshitze auf Steinen schmeckt wie spanischer Rioja oder traubensüß wie jene bernsteinfarbene Kostbarkeit von der griechischen Insel Samos, die uns irgendwann tückisch die Knie wegschlägt. Mal erinnert er von ferne an Brombeeren, mal im Abgang leicht an Lakritz, aber was sollen solche Vergleiche? Sie fassen seine Essenz nicht, denn Wein bleibt Wein. Und immer ist er erotisch. (Im Unterschied zu Bier, das ungefähr so erotisch ist wie ein Fußballländerspiel.) Bei Wein denken wir an lächelnde Lippen und Locken, die aus der Stirn gestrichen werden, und spätestens mit der zweiten Flasche kommt auch der Mumm, die Finger ganz leise auf die Hand des geliebten Menschen zu legen.

BEI BIER SCHREIN ALLE: HIER!

Bis zum endgültigen Beweis des Gegenteils wollen wir davon ausgehen, dass Weintrinker nicht nur deshalb Wein trinken, weil sie sich für etwas Besseres halten; dass ihnen das Zeug, mit anderen Worten (und so un-

CONTRA

glaublich es klingen mag), tatsächlich schmeckt. Indessen gibt es da starke Verdachtsmomente. Studieren wir jede x-beliebige Weinkolumne in einer gehobenen Zeitschrift, so fällt uns auf, dass Wein da mit allem Möglichen verglichen wird – mit Schokolade, mit Sandelholz, mit Karamel. Aber nie erinnert er einfach nur an Wein. Das muss doch Gründe haben! Und sehr wahrscheinlich hat es auch welche: Damit man das saure Gesöff nicht gleich wieder ausspeit, muss man es sich schönreden – und man tut es, indem man Vergleiche brutal an den Haaren herbeizieht.

Bier ist anders. Bier ist ehrlich. Nie würde jemand auf die Idee kommen, einen Schluck Tuborg oder Guinness zu nehmen, die Stirn kraus zu ziehen, leise mit der Flüssigkeit zu gurgeln und anschließend zu bemerken: »Leise Noten von Kaffee mit einer Spur von Hustenbonbon, im Abgang chinesische Kalligraphie.« Bier hat keine Prätentionen. Man trinkt es nicht, weil man zur Hautevolee gehören möchte, sondern weil es einem schmeckt. Und wie es schmeckt: Bier ist ja kein Getränk, sondern ein ganzes Universum. Es erstreckt sich vom Hefe- oder Kristallweizen, das nur einen Hauch Alkohol enthält und schon beim ersten Schluck an Sommer, Sonne und Sorglosigkeit erinnert, über das kühle Pils, bei dem wir an Schweinebraten und den braven Soldaten Schwejk denken, bis zum dunkelsten Altbier, bei dessen Genuss wir am liebsten in kehlige keltische Gesänge ausbrechen möchten. Nicht einmal die Biermixgetränke verschmähen wir – sei es das Alsterwasser, das aus hellem Bier und Limonade gepanscht wird und uns sofort in Ausflugsstimmung versetzt, sei es die Altbierbowle,

bei der am Grunde des Bierglases lauter Früchte herumschwimmen und uns an unsere Studentenzeit gemah-
nen. Wein ist, gewiss doch, etwas für Kenner: Wir aber
gehören nicht zu dieser elitären Alkoholikertruppe, wir
sind Gelegenheitstrinker. Wir wollen das Leben genießen, den lieben Gott einen guten Mann sein lassen und
abends unbeschwert einschlafen. Und wenn Friedrich
Engels anmerkte, Revolutionen seien immer nur in
Weintrinker-, nie aber in Biertrinkerländern ausgebrochen, dann rufen wir frohgemut: Siehste wohl! Denn wir
machen uns keine Illusionen über die Natur des Menschen und wollen nicht, dass neben dem Wein noch
anderer roter Saft in Strömen fließen sol .

WAGNERS MUSIK IST GROSS

Woran erkennt man große Kunstwerke? Daran, dass sie
einen nicht unverwandelt zurücklassen: Es gibt ein klares
»Davor«, als man ihnen noch nicht begegnet war, und ein
»Danach« – man wird bis ins Innere seiner Existenz von
ihnen erschüttert. Das gilt etwa für das monumentale Ein-
gangsportal von Bachs Matthäuspassion (»Töchter Zions,
helft mir klagen«), das gilt für Mozarts »Requiem«. Und es
gilt für Richard Wagners »Rheingold«: Nehmen wir die
Stelle, wo Wotan und Loge sich nach Nebelheim begeben
und die Musik lautmalerisch nachmacht, wie die Zwerge
mit Hämmern auf Ambosse schlagen. Und plötzlich ka-
piert der Hörer: Das, was hier in Musik gegossen wurde, ist

der Anfang der Industrialisierung – wie überhaupt »Der Ring des Nibelungen« eine einzige grandiose Parabel auf die Moderne ist. Dazu gleich mehr. Doch zuvor sollte eines der primitivsten Vorurteile gegen Wagner ausgeräumt werden: das Vorurteil nämlich, er habe sich ausschließlich aufs Lautstarke, Bombastische verstanden. Das können nur Leute behaupten, die außer dem »Ritt der Walküren« nichts anderes von ihm kennen. (Der ist nun wirklich grässlich, taugt aber immerhin noch als effektvolle Filmmusik.) Derjenige, dem sich Wagners Opernwelt einmal geöffnet hat, weiß: Dieser Komponist wusste Musik von einer Zärtlichkeit zu schaffen, dass dem Hörer kaltheiße Schauer über das Rückgrat laufen. Denken wir an den zweiten Akt von »Tristan und Isolde«, wo die Heldin am Morgen darauf wartet, dass die Jagd endlich vorbei sein soll – und Wagner nun die Dämmerung in Szene setzt. Es ist die zarteste Versuchung, seit es Harmonien gibt. Wagner konnte mit einem Orchester nicht nur Sturm und Getöse nachahmen, sondern auch den rosigen Morgennebel. Und er wusste alles über die Liebe und die vielfältig-interessanten Weisen, wie sie scheitern kann.

»Der Ring des Nibelungen« ist eine Oper, die gründlich missverstanden wurde: Viele Hörer glaubten nämlich, Wagner habe hier ein abschließendes Urteil über die Moderne gesprochen. Die Musik wurde dann so gehört, als bedaure Wagner das Ende der mythisch-magischen Welt oder als rufe er dazu auf, möglichst viele Helden nach dem Vorbild des blonden Recken Siegfried zu erschaffen. Tatsächlich lässt Wagner die Sache in der Schwebe. Er ist nicht für die Moderne, aber er ist auch nicht gegen sie. Sicher ist nur eines: Siegfried kann auf keinen Fall als Idealgestalt gesehen werden (auch wenn die Nazis es gern so gehabt hätten). Schließlich ist er ein »tumber Tor«, nicht mehr. Ungeheuer ansprechend ist diese Riesenoper nicht nur für das Gefühl, sondern auch für den kühlen Verstand des Zuhörers. Denn was bei Bach noch ein geschlossenes Universum war – der Kosmos der Theologie –, das bricht bei Wagner nun auseinander in die Sphären der Politik, der Soziologie, der Ökonomie, und man findet hier mehr als nur erste Spuren der Psychoanalyse. Im Jargon der Nazis zu sprechen: Wenn es je einen »Kulturbolschewisten« und »Asphaltliteraten« gegeben hat, dann diesen. Insofern ist es ein schlechter Witz, dass Wagner ausgerechnet von den Granden des Dritten Reiches posthum vereinnahmt wurde.

WAGNERS MUSIK IST GRAUENHAFT

CONTRA

Es wäre ausgesprochen unfein, an dieser Stelle darauf hinzuweisen, dass Wagner ein stinkender Antisemit, ein Parvenü, ein gescheiterter Revoluzzer, ein chronischer Schnorrer – kurzum: in fast jedem Detail die Vor- oder Urform eines Nazi war. Also lassen wir das. Es hat schon so viele Antisemiten gegeben, die große Klangkunstwerke geschaffen haben, und es waren schon so viele miese Typen unvergleichliche Dichter, dass das im Ernst kein Argument sein kann. Nein, gegen Richard Wagner sprechen einzig und allein seine rundherum grässlichen Opern! Mark Twain hat zwar einmal angemerkt, Wagners Musik sei besser, als sie sich anhört, aber das war leider gelogen. Es ist alles wirklich so schauderschlecht: Note um Note und Takt für langweiligen Takt. Wahrscheinlich hat der musikalisch eher unbegabte Wagner irgendwann einfach aufgehört, sich auch nur die geringste Mühe zu geben. Er versuchte also nicht mehr, tönende Schönheit zu schaffen und den Ohren mit Harmonien zu schmeicheln; stattdessen wollte er die brutale Überwältigung des Publikums. Dafür setzte er den ganzen künstlerischen Reichtum ein, den er gar nicht hatte, dafür war ihm jedes Mittel recht. Deshalb tat Wagner so, als gäbe es in seiner Musik unglaublich viel zu ahnen, als täten sich da laufend Abgründe von Bedeutung auf – in Wahrheit ist die Sache aber nur hohl. Es ist der pure Bombast, in dem dann nichts zur Erscheinung kommt: kein Gedanke, keine Haltung, keine Substanz. Wagners Musik erinnert an die gespreizten Verse eines Stefan George, in denen auch dauernd so getan wird, als ließe sich dahinter Gott weiß welcher Tiefsinn vermuten, aber wenn man genau hinschaut, ist die Gespreiztheit schon der ganze poetische Gehalt.

Lässt sich über Wagner also gar nichts Positives vermelden? Doch: Er verstand es, seine Werke hübsch und geschickt zu instrumentieren. Das ist seine künstlerische Leistung; das war es schon. Und jetzt müssen wir – auch wenn es sich nicht gehört – doch noch einmal auf Wagners Antisemitismus zu sprechen kommen. In seinem niederträchtigen Pamphlet »Über das Judentum in der Musik« (das zeigt, dass Hitlers Liebe zu Wagner nicht auf einem Missverständnis beruhte) spricht dieser Komponist den Juden die Fähigkeit zu wahren Empfindungen ab. Nur der voll im Deutschtum verwurzelte Künstler sei imstande, echte, tief empfundene Leidenschaften zu gestalten, während der Jude nur oberflächliches Larifari in Töne zu setzen vermöge. – Interessant ist dieser Befund nur aus einem Grund: Er macht wieder einmal klar, wie mächtig das ist, was die Psychoanalytiker »Abspaltung und Projektion« nennen. Denn tatsächlich war es ja Wagner selbst, der ständig seine Unfähigkeit bewies, Gefühle zu gestalten. Er war es, der in seinen Opern mit hängender Zunge der echten Leidenschaft manisch hinterherhechelte. Darum benötigte er auch so viel Hoihottaho und Tschingderassabumm, und seine Begabung erschöpfte sich im Wesentlichen darin, für die Vortäuschung von Gefühlen die passenden Instrumente auszuwählen.

VIVE LA FRANCE!

General de Gaulle klagte, es sei unmöglich, ein Land zu regieren, in dem es mehr Käsesorten als Tage im Jahr gebe. Das war nicht als politische Schmeichelei gemeint, aber in Wirklichkeit ist gar kein größeres Kompliment denkbar: Ein Land, in dem so viel Käse gemacht wird (im buchstäblichen Sinn), muss einfach gut sein. Es sind übrigens ungefähr tausend Käsesorten. Genau kann das niemand sagen, weil in den verschiedenen französischen Provinzen – vom Languedoc bis in die Normandie von der Gascogne bis ins Elsass – lauter Landwirte damit beschäftigt sind, über delikate neue Verwendungsmöglichkeiten für die Milch von Schafen, Kühen und Ziegen nachzusinnen. Für das Erste mögen hier folgende Hinweise genügen: Crottin de Chavignol. Bleu d'Auvergne. Jurassic Fromi. Neufchâtel. Zum Beweis ihrer nationalen Großartigkeit haben die Franzosen außerdem die Baguette erfunden, das ideale Brot, um solche Milchprodukte zu essen. Der Länge nach aufgeschnitten und zart mit Butter bestrichen, führt dieses phallische Gebäck in Verbindung mit dem richtigen Käse zu etwas, was einem Orgasmus sehr ähnlich ist.

Ferner wäre da der Wein. Vor allem der Burgunder. Weinfeinschmecker denken sich in diesem Zusammenhang immer wieder interessante Metaphern aus – sie reden von Lakritz, Beerennoten, Leder und Tanninen im Abgang. Uns weniger Gebildeten bleibt nur festzustellen, dass Burgunder sich im Mund so anfühlt, wie wir uns immer vorgestellt haben, dass Wein munden soll: Er ist sozusagen die platonische Idee von Rotwein, die durch eine besondere Gnade Gottes materielle Gestalt in langstieligen, bauchigen Gläsern angenommen hat. Wenn wir jetzt noch erwähnen, dass es in Südfrankreich Lavendelfelder gibt – an welchem anderen Ort dieser sündigen Erde finden wir so etwas? –, dann müssen sogar Engländer neidlos anerkennen: Frankreich ist einmalig, ein Glücksfall.

Noch kein Wort haben wir dabei über die Frauen verloren. Über die hinreißende Jeanne Moreau etwa, wegen der allein es sich schon lohnt, sämtliche Filme von Louis Malle zu sehen; unvergessen ihre hohe Schauspielkunst in dem tragischen Dreiecksliebesfilm »Jules und Jim«. Und dann ist die Frau auch noch geistreich! Ihre Bonmots über die Wirrungen des Sexus haben den Rang von Aphorismen, zum Beispiel: »Alle Männer haben nur zwei Dinge im Kopf: Geld ist das andere.« Oder: »Beim Liebesspiel ist es wie beim Autofahren: Die Frauen bevorzugen die Umleitung, die Männer die Abkürzung.« Das ist nicht nur witzig, es hat außerdem den scharfsüßen Geschmack der Wahrheit. Vergessen wir neben Jeanne Moreau jedoch nicht die weniger intellektuelle Brigitte Bardot – immerhin ist sie für Generationen von pubertierenden Jugendlichen die erste Traumfrau ihres Lebens gewesen. Es reicht, dass Mme. Bardot unter ihren blonden Wuschellocken ein erotisches Augenlid hebt, und man imaginiert Orgien. Das mittelalterliche Urbild von *la femme* indes ist jene Bauernmagd, die patriotischer war als alle Adeligen um sie herum und die noch auf dem Scheiterhaufen den Sieg davontrug, weil sie Schiller zu einem Theaterstück inspirierte. Wer könnte dieses Mädchen nicht lieben?

Käse, Wein, Jeanne d'Arc, da fehlt doch etwas – richtig: Es fehlt das Chanson. Wer jemals der warmen Stimme von Georges Brassens zugehört hat, der muss kein Französisch können, um süchtig zu werden. Die Texte freilich sind große Poesie: Brassens singt, dass er nicht mit den Spießern heult, dass er sich Süßeres vorstellen kann als den Tod fürs Vaterland, dass er die Frauen – auch die lockeren – verehrt und ihre Freier verachtet. »Au village, sans prétention, / J'ai mauvaise réputation. / Que je me démène ou que je reste coi / Je passe pour un je-ne-sais-quoi! ...« Man kann sich bald nicht mehr satt hören am sanften Anarchismus, an den elegischen Melodien mit Gitarren-Schrumm-Schrumm; man bekommt nie genug von dieser ganz und gar nicht schlichten Gutherzigkeit. Wenn Yves Montand dann noch das französische Partisanenlied aus dem Zweiten Weltkrieg pfeift, will man sich gar nicht mehr daran erinnern, dass es damals auch den einen oder anderen Kollaborateur gegeben hat.

Eine historische Großtat der Republik soll zum Schluss nicht schamhaft verschwiegen werden: Die Franzosen haben immerhin den heroischen Versuch unternommen, Algerien zu zivilisieren. Dass dieser Versuch fehlgeschlagen ist, nimmt ihm nichts von seiner Größe. Alle, die Algerien besuchten, als es noch französische Kolonie war, stimmen darin überein, dass dieses Land einst das Paradies auf Erden gewesen ist; nach dem Unabhängigkeitskrieg aber folgte ein blutiger Schlamassel auf den nächsten: erst ein korrupter sozialistischer Einparteienstaat, dann das Immer-stärker-Werden der muslimischen Fundamentalisten, dann der Putsch der Generäle, endlich ein Bürgerkrieg mit 180 000 Opfern. Das ist die logische Folge, wenn man das französische *savoir vivre* ablehnt.

À BAS LA FRANCE!

Der vielleicht wichtigste Einwand gegen Frankreich ist, dass in diesem schrecklichen Land Französisch gesprochen wird. Hierbei handelt es sich um eine degenerierte Abart des Lateinischen, die scheinvornehm durch die Nase gesäuselt wird, wodurch sich das Ganze wie Schwäbisch anhört. Das Französische hat eine völlig undurchschaubare Grammatik, die mit der schönen Baukastenlogik des Lateinischen so verfährt wie ein trotziges Kind, das seine Spielsachen bunt durcheinanderwürfelt; die Franzosen sind natürlich sehr stolz auf ihre Grammatik. Da sieht man, auf welch holprige Abwege die nationale Hoffart führen kann.

Gegen Frankreich spricht ferner, dass seine Einwohner sich seit dem Ende des Hundertjährigen Krieges (1453) im offenen Aufruhr gegen ihre natürlichen Herren, die Engländer, befinden. Dass die Franzosen zur Selbstregierung eigentlich nicht fähig sind, zeigt sich darin, dass die Befreiung vom »englischen Joch« in letzter Konsequenz zur Französischen Revolution (1789) führte. Auf diese Revolution sind die Franzosen ebenso stolz wie auf ihre Grammatik und nennen sie »die Große«. Nun soll hier kein grundsätzlicher Einwand dagegen erhoben werden, dass ein Volk zwischendurch mal seinen König köpft (schließlich haben die Engländer den Regizid schon 140 Jahre vor ihren französischen Zöglingen erfunden). Doch die Revolution in Paris schlug über alle Stränge und artete aus in Massaker, Willkür, Schreckensherrschaft. Es ist keine Übertreibung, wenn man sagt, dass die totalitären Massenbewegungen des vorigen Jahrhunderts ihre Mentalität wie ihre Methoden von diesem Sündenfall der europäischen Geschichte bezogen haben.

Um das nächste Argument gegen Frankreich ins Feld zu führen, benötigt man Mut – aber es ist nun einmal wahr: Die Franzosen können nicht kochen. Die einzige Ausnahme ist das französische Nationalgericht, das bekanntlich »le biftek« heißt, auf gut Deutsch: Beefsteak. Das kann wirklich ganz genießbar sein, vor allem, wenn es von belgischen Pommes frites umkränzt wird. »Le biftek« ist ein Überbleibsel jener glücklichen Epoche, als die Franzosen noch von Leuten regiert wurden, die etwas vom Essen verstanden. Alles seither war ein Abstieg: Froschschenkel, Schnecken usw. – viel Knoblauch ist nötig, um den Geschmack zu übertünchen.

Dann sind da noch die französischen Frauen: kein schönes Kapitel. Nehmen wir nur die hysterische Jeanne d'Arc, eine religiöse Fanatikerin, die in ihren Schlachten Menschenleben verbrauchte wie andere Leute Taschentücher (ein realistisches Porträt von ihr finden wir in Shakespeares Historiendrama »Henry VI.«). Oder denken wir an Simone de Beauvoir, die geschwätzige Schwarten verfasste und ihren Ruhm vornehmlich der Tatsache verdankte, dass sie mit dem Ekel Jean-Paul Sartre zusammenlebte. Schauen wir uns endlich Emmanuelle Béart an, eine Filmschauspielerin, die dem Ausdruck »Schmollmund« eine ganz neue Bedeutung verliehen hat: Sie scheint wirklich dauernd zu schmollen. Es gelingt ihr, den Eindruck hervorzurufen, dass sie – »Was hältst du eigentlich von mir!« – unglaublich beleidigt wäre, wenn ein Mann sie auf den Gipfelpunkt der Lust führte. So eine Dame gilt in Frankreich natürlich als Sexsymbol.

Die französische Philosophie wollen wir hier nur am Rande streifen. Es genügt wohl, Derrida zu zitieren: »Denn die Sprache als das erkennen, was die absolute ideale Objektivität ebenso konstituiert wie ausdrückt, heißt das nicht in anderer Weise zeigen und wiederholen, dass die transzendentale Intersubjektivität Bedingung der Objektivität ist? Im Grunde genommen führt das Problem des Ursprungs der Geometrie auf das der Konstitution von Intersubjektivität und das des phänomenologischen Ursprungs der Sprache.« Hegel nimmt sich daneben wie ein Monument der Verständlichkeit aus. Im Grunde handelt es sich bei französischer Philosophie – sei es nun Lacan, Baudrillard oder Deleuze – immer um dasselbe, nämlich um die organische Verbindung von heideggerianischem Geschwurbel mit marxistischem Geschwurbel. Aber was für ein Denken soll sich auch in einer Sprache ausdrücken, in der man »Was ist das?« mit »Qu'est-ce que c'est?« wiedergibt – wörtlich also: »Was ist das, was das ist?« So viel zur französischen »clarté«.

Nach alldem ist es nicht notwendig, sich noch über Kleinigkeiten aufzuregen. Schweigen wir darüber, dass der französischen Gesellschaft im Prokrustesbett des Etatismus die Schaffenskraft abgehackt wurde; dass die Französische Republik von einer phantasielosen, eingebildeten Oligarchenkaste verwaltet wird; dass die französische Außenpolitik sich nach dem Motto richtet: Wir suchen uns den schlimmsten Schlächter, heiße er nun Kaiser Bokassa oder Saddam Hussein, und den unterstützen wir dann durch dick und dünn. Bitteschön: Was hat man von einem Land wie Frankreich anderes erwartet?

VIERERKETTE!

Real Madrid gegen Inter Mailand. Magische Augenblicke, die jedem Kenner des modernen Fußballs die Nackenhaare erigieren lassen. Da vibriert die Luft. Zwei Mannschaften auf höchstem taktischen Niveau, gespickt mit erstklassigen Individualisten, die dennoch wie ein Räderwerk funktionieren. Klare Aufgaben- und Raumverteilung, hohe Kompaktheit, große Laufbereitschaft und Disziplin! Die Mannschaft ist der Star. Real, im heimischen Stadion, spielt ein 4-4-2-System, Inter, auswärts etwas defensiver eingestellt, geht mit nur einer Spitze ins Match, dahinter, wie auf eine Perlenschnur aufgereiht, fünf Mittelfeldspieler – und dann, dann folgt, wie bei Real, das Herzstück jeder Spitzenmannschaft: die Vierer-Abwehrkette.

Diese Viererkette ist gleichsam die Krönung der ballorientierten Raumdeckung. Jeder Spieler kennt seine Aufgabe, sogar die Laufwege sind einstudiert, um den eigenen Strafraum abzusichern. Bei gegnerischem Ballbesitz verschiebt sich die gesamte Kette parallel zum ballführenden Spieler hin, um den Raum möglichst eng zu machen und so sehr schnell eine Überzahlsituation herzustellen. Ist der Ball zurückgewonnen, können gut organisierte Mannschaften sofort von Abwehr auf Angriff umschalten. Laufwege und Spielzüge sind einstudiert. Die Viererkette rückt vor und verschiebt das Geschehen in die gegnerische Spielhälfte, wo die Spieler der Mittelfeldreihe und die Stürmer nun die Lücken in den Reihen der anderen Mannschaft suchen. So geht es hin und her. Und es ist eine Freude, dabei zuzusehen. Denn die Viererketten von Real und Inter beherrschen dieses aktive Verteidigen, dieses Pressing in Perfektion. Da wird der Fußball zu einem körperlich intensiven Denksport, zu einem Geduldsspiel. Ach was, Spiel: Das ist strategisches Können, Kunst, Rasenschach. Schönheit der Geometrie.

Die diesem wunderbaren Geschehen zugrundeliegende Kulturleistung kann allerdings erst vollends würdigen, wer ihr im Stadion beiwohnt. Im Unterschied zum Fernsehen ist hier von den Rängen das gesamte Spielfeld zu überblicken. Hier lässt sich erkennen, dass die elf Spieler einer Spitzenmannschaft wie ein Körper agieren, wie eine in allen Teilen aufeinander abgestimmte, fein getunte Maschine: effektiv, dynamisch, ergebnisorientiert. Es ist großartig.

Nun gut, wenn wie bei Real und Inter zwei solche Maschinen aufeinandertreffen, werden sie sich weitgehend neutralisieren. Torraumszenen oder gar Tore dürften dann Mangelware bleiben. Aber mal ehrlich, Hurra-Fußball und viele Tore sind doch eher was für schlichte Gemüter: Bolzplatz, nicht Fußball-Olymp.

DREIERKETTE!

Real Madrid gegen Inter Mailand. Da heben sich bei jedem Liebhaber des Fußballsports unwillkürlich die Nackenhaare. Ah, was waren das für Spiele in den neunziger Jahren. Da vibrierte die Luft. Zwei taktisch bestens geschulte Mannschaften, mit erstklassiger Individualisten, von denen einige ein Spiel allein entscheiden konnten. Es war ein offener Schlagabtausch. Gespielt wurde meistens in einem 3-4-3-System, also mit einer Dreierkette in der Abwehr, mit vier Mittelfeldspielern, die sowohl defensive wie offensive Aufgaben hatten, und mit drei Stürmern. Das waren Zeiten!

Vor allem die Dreier-Abwehrkette stellte höchste Anforderungen an die Schnelligkeit der Spieler. Denn es ist klar, dass im Unterschied zur Viererkette mehr Verschiebungen im Raum notwendig und größere Laufwege zu absolvieren waren. Mehr Raum bedeutete aber auch: mehr Kreativität, mehr Flexibilität und, ja, mehr Risiko, sofern die äußeren Mittelfeldspieler – wie häufig bei den defensiv agierenden italienischen Mannschaften – nicht von vornherein nach hinten verschoben spielten und damit aus der Dreier- eine Fünferkette machten.

Wir haben es wohl den Italienern und den Deutschen zu verdanken, dass die Dreierkette kaum noch zu Ehren kommt. Italienische und deutsche Mannschaften haben es in jahrelanger Wühlarbeit geschafft, den Sinn des Sports vollkommen umzukehren. Heute geht es nicht mehr darum, Tore zu schießen, sondern Tore zu verhindern und auf einen Fehler des Gegners zu lauern. Schluss mit lustig! Und da Deutsche und Italiener darin sehr erfolgreich agierten, wurde im internationalen Fußball die Viererkette üblich, die dafür gesorgt hat, dass heute neunzig Prozent eines Spiels nur noch zwanzig Meter diesseits und jenseits der Mittellinie stattfinden. Das Bierholen bei der Live-Übertragung ist heute kein Risiko mehr.

Der legendäre Kopfstoß des Zinedine Zidane gegen diesen Wie-hieß-er-gleich-Makkaroni im Endspiel der Fußball-WM 2006 war in Wahrheit ein Kopfstoß gegen die Viererkette: das Aufbegehren eines genialen Spielers gegen die systematische Austreibung von Spielwitz und Spielfreude aus dem Spitzenfußball. Zidane hätte aber uns, den Fußball-Liebhabern, ein noch größeres Abschiedsgeschenk machen können, wenn er nicht nur den Italiener vor die Brust gestoßen, sondern gleich auch dem Deutschen Fußballbund in die Eier getreten hätte. Deren Funktionäre haben nämlich mittlerweile die Dreierkette verboten. Kein Scherz! DFB-Trainerstäbe arbeiten darüber hinaus mit Hochdruck und modernsten Trainingsmethoden daran, künftig möglichst viele Laufwege zu »vereinheitlichen«. Was für Hasenfüße.

DER SCHÖNSTE ALLER PLANETEN: DER KRIEGERISCHE MARS

Der Mars! Planet der Staubstürme, schroffen Canyons und phantastisch hochragenden Gipfel – wie abweisend wirkt er auf den ersten Blick durchs Fernglas. Doch für den, der sich näher mit ihm befasst, hält der dem Kriegsgott geweihte Himmelskörper ganz eigene Reize bereit. Damit wir seinen herben Charme würdigen können, bedarf es allerdings einer sehr irdischen Differenzierung: Wir müssen zunächst einmal lernen, das Kriegertum vom Militarismus zu unterscheiden. Ersteres ist edel und mutig – der Militarismus ist nur eine degenerierte Abart davon. Denken wir an den Krieger, tritt uns das Bild eines drahtigen, intelligenten, prinzipienfesten Menschen vor Augen; bei Militarismus fallen uns Wampe, Phantasieuniform und Blechorden ein. Das Kriegertum ist bei allem tödlichen Ernst zur Selbstironie fähig; der Militarismus ist es nicht und wirkt noch im Blutbad, das er anrichtet, seltsam lächerlich.

Die Paradebeispiele für den Militarismus liegen auf der Hand – es sind das kaiserliche Japan vor jenen zwei Atombomben und Deutschland von 1871 bis 1945 (im östlichen

Teil: bis 1989). Das historische Symbol des Militarismus indes ist Langemarck. Das Problem besteht nämlich darin, dass der Militarismus vom Militärischen nichts versteht – er schickt Welle um Welle von jungen Männern ins gegnerische Feuer, für nichts und wieder nichts, ohne Sinn, Verstand und Schlachtplan. Im seinem tiefsten Inneren erweist sich der Militarismus als hohl. Das Vaterland, von dem er herrisch tönt, ist ihm eigentlich wurscht, ihm geht es am Ende nur um die Befriedigung seiner Eitelkeit. Der Militarismus entfacht einen Weltenbrand und bekennt hinterher kleinlaut: »Ich habe es nicht gewollt.« Indessen ist der Militarismus – auch wenn die Linksliberalen es furchtbar gern anders hätten – nicht von Friedensdemonstranten zu Fall gebracht worden, sondern von Kriegernationen. Typische Kriegernationen waren (oder sind) Preußen, Großbritannien, Amerika und Israel. Es gibt ein paar Gestalten, in denen der Geist dieser Länder seinen strahlendsten Ausdruck findet: den Alten Fritz, Lawrence von Arabien, General Patton und Moshe Dayan mit seiner Augenklappe. Schreitet man die Reihe dieser historischen Medaillons ab, fallen einem gleich mehrere gemeinsame Charakterzüge auf: Abenteuerlust, Neigung zum Künstlertum, unkonventionelles Denken bis an den Rand der Insubordination und Todesverachtung, die nicht mit romantischer Todessehnsucht verwechselt werden darf. Wenn in all diesen Eigenschaften ein Widerspruch zu liegen scheint, so verweist er auf eine Dialektik, die sämtlichen Kriegernationen innewohnt. Deren Erscheinungsbild und Alltag mag zwar vom militärischen Zeremoniell geprägt sein – aber eigentlich und bei Lichte besehen hat noch jede Nation von Kriegern ein ziviles Ideal verteidigt. Im Falle Preußens war das der

Staat, in dem jeder nach seiner Fasson selig werden kann; im Falle Großbritanniens der Liberalismus samt Parlament und Pressefreiheit; im Fall Amerikas ist es die multiethnische Einwanderergesellschaft; im Sonderfall Israels: die Zuflucht für ein Volk von Geächteten – und die einzige Demokratie des Nahen Ostens.

Die Kriegernationen haben somit einen einzigartigen und sehr anziehenden Typus hervorgebracht, den Bürger-Soldaten, der gebildet, neugierig und frei von Vorurteilen ist. Der argentinische Dichter Jorge Luis Borges hat diesem Bürger-Soldaten unvergessliche Zeilen gewidmet. Für Großbritannien schrieb er 1940 im Angesicht der drohenden Invasion: »Sie sollen nicht deine heilige Erde entweihen, England, / der deutsche Eber und die italienische Hyäne. / Insel Shakespeares, mögen deine Söhne dich retten / und auch deine ruhmreichen Schatten …« An die Adresse des Judenstaates richtete er 1969 die Verse: »Ich fürchtete, in Israel lauere / mit tückischer Süße / die Sehnsucht, welche die jahrhundertealten Diasporas / anhäuften wie einen kostbaren Schatz … / Nicht so. Die älteste der Nationen / ist auch die jüngste … / Du wirst ein Israeli, ein Soldat sein. / Du wirst das Vaterland mit Sümpfen erbauen; du wirst es mit Wüsten errichten. / Mit dir wird dein Bruder arbeiten, dessen Gesicht du nie gesehen hast. / Ein einziges versprechen wir dir: / deinen Platz in der Schlacht.« An anderer Stelle schreibt Jorge Luis Borges, das Volk Israel sei »zurückgekehrt ins gewaltsame Licht des Sieges, / schön wie ein Löwe am Mittag«.

Der Mars – wie unwirtlich sieht er für alle aus, die ihn nicht kennen. Doch für den, der seine Schroffheiten liebt, gibt es keine andere Welt mehr.

DER SCHÖNSTE ALLER PLANETEN:
DIE FRIEDLICHE VENUS

Die Venus – welch lieblicher Stern! Am Abend wie am
Morgen steht sie als Hoffnungssymbol am Himmel und
erinnert an eine Botschaft, die vielen Religionen, wenn
nicht sogar den meisten, gemeinsam ist: »Ehre sei Gott
in der Höhe und Friede auf Erden den Menschen seines
Wohlgefallens«, heißt es bekanntlich im Neuen Testament. Der indische Prinz Gautama, den seine Anhänger
den Erleuchteten nannten – den Buddha –, ging sogar
noch einen Schritt weiter: Er lehrte, dass man sich nicht
nur gegenüber den Menschen, sondern im Umgang mit
allem Lebendigen friedfertig verhalten solle. Buddhisti-
sche Mönche nehmen ihren Tee erst, nachdem sie alle
Insekten, die sich in die Flüssigkeit verirrt haben, mit
einem Netz herausgefischt haben, und sie achten darauf,
beim Gehen nicht auf Käfer zu treten. »Frieden ist nicht
das Ziel, der Frieden ist der Weg«, sagte Mahatma Gan-
dhi. In seinem Lied »Imagine«, dem vielleicht bedeutendsten Popsong aller Zeiten, hat John Lennon dem
venusianischen Lebensgefühl vollendeten Ausdruck verliehen: »Imagine there's no countries / It isn't hard to do
/ Nothing to kill or die for / And no religion too / Imagine
all the people / Living life in peace ...« Stell dir vor: ein
Leben ohne Nationalstaaten, ohne Religion, wo alle in
Frieden zusammenleben. Jenen Unbelehrbaren aber,

die uns in diesem Jahrhundert immer noch die Schönheit des Krieges fürs Vaterland predigen wollen, sei ein
Aphorismus von Oscar Wilde ins Stammbuch geschrieben: »Der Patriotismus ist die Tugend der Lasterhaften.«

Indessen ist die Venus nicht nur der Planet der Fried-
fertigen. Sie ist vor allem auch der Planet der Frauen –
und damit des Eros. Nicht umsonst nennen sich alle
möglichen Swingerclubs und Fachmessen für Porno-
grafie nach diesem wunderbaren Himmelskörper. Denken wir an die Venus, fallen uns unwillkürlich schwüle
Dschungel voll strammer Lianen und feuchtwarmer
Sümpfe ein, wo Pythons sich zärtlich umeinander-
schlingen und Orang-Utans den lieben langen Tag nichts
zu tun haben, als einander sanft zu lausen. »An den
Ufern der Morgenröte / flochten die Affen einen unendlich / erotischen Faden, / indem sie Wände von Blüten-
staub niederrissen«, heißt es in Pablo Nerudas berühmtem »Canto General«. Erinnern wir uns einen Moment
lang an den »Garten der Lüste«, den Hieronymus Bosch
malte, an die keuschgeil verknäulten Menschenleiber,
die dort zu sehen sind: Das ist die Venus. »Imagine all
the people / Living for today«, sang John Lennon. Die
Menschen sollen alle so leben, als ob es kein Morgen
gäbe. Die Gesetze der männlichen Logik wären dann
außer Kraft gesetzt. Bevor eine Orgie offiziell für beendet erklärt würde, finge bereits die nächste an. Nur zwischendurch müsste immer mal jemand aufstehen und
Nutellabrote schmieren.

Im Gegensatz zum Mars ist die Venus außerdem ein
Ort der Künste. »Inter arma silent Musae«, sagten die
Römer, die vom Kriegführen etwas verstanden: Wenn die

Waffen sprechen, schweigen die Musen. Auf dem fried-lichsten aller Planeten dagegen werden unaufhörlich Ko-mödien aufgeführt, aber auch vor Tragödien, die von Bluttaten wimmeln, schrickt man nicht zurück – schließ-lich kann noch das Entsetzlichste zu einem Gegenstand des Genusses werden, wenn man es überwunden hat. Dies nennt man Katharsis. In prächtig ausgestatteten Opernhäusern genießt der Kenner Singspiele von Verdi, Wagner und Puccini – und das Beste: Diese Opernhäuser werden allesamt vom Staat ausgehalten! Auf der Venus gibt es nämlich keinen Grund, Geld für Waffen auszuge-ben; so kann man seine Finanzmittel ganz dem Wahren, Guten, Schönen weihen.

Sollte auf der Erde schon eine Enklave existieren, wo paradiesische Zustände wie auf der Venus wenigstens zum Teil verwirklicht sind? Sei es auch unvollkommen, da die Erde nun einmal ein Jammertal ist? Tatsächlich, es gibt diesen venusianischen Ort: Er heißt Europäische Union. Dort sind – wie es in John Lennons Song gefor-dert wurde – die Vaterländer im Wesentlichen abge-schafft. Kein Vollsinniger würde mehr für Deutschland, Frankreich, Italien töten oder sterben. Und nur eine fa-natische Minderheit plagt sich noch mit göttlichen Vor-schriften herum – nach Jahrhunderten der Religions-kriege haben sich die Europäer radikal säkularisiert. All denen, die ein europäisches Identitätspapier in der Ta-sche tragen, lächelt der perfekte Frieden, die subventio-nierten Künste blühen, und jedes Wochenende, manch-mal aber auch unter der Woche, gibt es Ringelpiez mit Anfassen. Möchte jemand im Ernst von hier auf den Mars umziehen?

RAUCHEN MACHT SCHLANK

Der Staat soll seine Bürger nicht erziehen – jedenfalls sofern es sich um erwachsene Menschen handelt. Deshalb sind die Aufschriften, die seit ein paar Jahren laut Gesetz auf Zigarettenpackungen gedruckt werden müssen, eine ungeheure Frechheit. Mag sein, es gibt gesündere Methoden der Freizeitgestaltung als das Inhalieren von Glimmstängelrauch – aber warum dieser anklagende Gestus, mit dem man uns darüber informiert, dass »Rauchen Krebs erzeugt«, ja »tötet«? Man fragt sich, was als Nächstes kommen wird: vielleicht Fotos von nikotingelben Kinderleichen oder Röntgenaufnahmen von Raucherbeinen. Wieso werden Autofahrer nicht in demselben mahnenden Tonfall darauf hingewiesen, dass »Autofahren tötet« und »die Umwelt verschmutzt« (mal davon abgesehen, dass ihr Benzinverbrauch klingelnde Petrodollars in die Kassen von Saudi-Arabien spült, die durch dunkle Kanäle auf den Konten von Al-Qaida landen)? Da ist Rauchen doch ein vergleichsweise harmloser Spaß.

Außerdem gibt es eine Wahrheit, zu der sich nur wenige Menschen bekennen, aber unter uns können wir ja offen reden: Rauchen ist sexy. Im Internet gibt es eine Website, auf der man Fotos von Raucherinnen betrachten kann (ganz ohne Zugangscode, und ohne dass man seine Visakarte zücken müsste!). Gestehen wir frei, dass dieser Anblick uns bis zur Besinnungslosigkeit erregt, und hoffen wir, es möge Frauen ähnlich ergehen, die sich an die schräge Kippe im Mundwinkel von Jean-Paul Belmondo erinnern. Das laszive Einsaugen von Nikotin; der leicht glasige Blick, während der Rauch bei angehaltenem Atem die Lungenbläschen umspielt; schließlich das Ausstoßen der Schwaden bei halb geöffnetem Mund – es reicht aus, damit unser Verstand immer schneller um seine Achse rotiert und rote Funken stiebt. Jetzt aber verbietet der Staat, der sich zu unserem Erzieher aufschwingt, auch noch das Rauchen in Cafés! Dabei war das doch der wichtigste Grund, warum wir bisher dorthin gegangen sind: Wir wollten Schönheiten dabei zusehen, wie sie dem Laster frönen.

OHNE RAUCH GEHT'S AUCH

Selbstverständlich steht es jedem frei, Selbstmord zu begehen; selbstverständlich auch dann, wenn er es auf umständliche Art tut; und selbstverständlich darf er dabei sehenden Auges eine besonders langwierige und qualvolle Todesart anvisieren. (Lungenkrebs ist grässlich schmerzhaft und tötet zwar zuverlässig, aber nicht immer schnell. Und wie bei jedem Krebs gibt es die reelle Chance, dass dabei noch ganz andere Körperpartien von krankhaft wuchernden Zellen befallen werden.) Volle Sympathie findet bei uns eine Regelung amerikanischer Krankenkassen, die Rauchern niedrigere Beiträge aufbürdet als jenen Versicherten, die bei vollem

Verstand sind. Schließlich haben Raucher eine signifikant geringere Lebenserwartung, also kosten sie auch weniger. Wir würden diese Regelung sogar noch überbieten und jedem Raucher pro Monat mehrere Stangen Zigaretten seiner Lieblingssorte gratis zur Verfügung stellen – auf lange Sicht würde dies die Gesundheitskosten für das Gemeinwesen entscheidend senken.

Nur eines möchten wir uns von den Rauchern ausbitten: dass sie ihrem verrückten Laster bei geschlossenem Fenster in den eigenen vier Wänden nachgehen. Dies aus mindestens zwei Gründen. Zum einen ist Rauchen unglaublich unästhetisch. (Raucher dampfen aus jeder Pore ihrer unreinen Haut Nikotin aus, haben gelblichbraune Zähne und werden von chronischem Schleimhusten geplagt.) Zweitens können wir ja wohl verlangen, dass jene, die todessehnsüchtig ihrem frühen Begräbnis entgegenpaffen, nicht auch noch uns mit ins Verderben reißen. Wir wollen wirklich nichts von dem Gift abhaben. Da könnten wir uns ja gleich neben einen bombenbepackten Selbstmordattentäter im Gazastreifen stellen und ihn höflich bitten, auf den Knopf zu drücken. Also: Verkriecht euch in eure ungelüfteten Höhlen, leert nie wieder eure Aschenbecher aus. Zündet euch die erste Fluppe schon vor dem Frühstück an und drückt die Letzte aus, während ihr röchelnd in Tiefschlaf fallt. Aber lasst bitte unsere schönen sauberen Caféhäuser in Frieden.

KULTUR!

Zu den verhängnisvollsten Traditionen der deutschen Geistesgeschichte gehört die Abwertung der Kultur, die ausgerechnet in der Heimat der Romantiker um sich gegriffen hat. Seit 1945 steht dort jeder unter Faschismusverdacht, der Eichendorff, Novalis und E. T. A. Hoffmann zu schätzen weiß. Hartnäckig hält sich nämlich das Gerücht, die Nazis hätten ihre Ideologie aus dem tiefen Brunnen der Romantik geschöpft – dabei waren sie eher wild gewordene, gänzlich außer Rand und Band geratene Rationalisten.

Wer der Kultur den Vorzug vor der Zivilisation gibt, ist zunächst einmal und vor allem eines: unpolitisch. Er will seine Innerlichkeit pflegen und von den rohen Mächten der Ökonomie wie auch der brüllenden Unterhaltungsindustrie verschont werden. Er möchte seinen *hortus conclusus* aufsuchen, den stillen, verschwiegenen Seelengarten, in dessen Mitte die blaue Blume blüht. Er ruft mit Eduard Mörike aus: »Lass, o Welt, o lass mich sein!« – und kündigt kurzerhand seine Zeitgenossenschaft. Wer darin etwas Verwerfliches erblickt, muss schon sehr böswillig sein. Schließlich gibt es keine Pflicht, sich an allgemeinen Formen der Idiotie zu beteiligen, es sei denn in einem totalitären System. Nur ein Blinder wird leugnen, dass die Verblödung immer weiter um sich greift: Ein denkender Mensch aber versucht, im Dschungel der Seinsvergessenheit eine

Lichtung zu schlagen, wo er sich ungestört mit den letzten Dingen beschäftigen kann.

Dass die deutsche Kulturtradition hierfür besonders geeignete Mittel bereitstellt, ist nicht zu leugnen. Zum einen gibt es in Deutschland spätestens seit Meister Eckhart eine reiche mystische Tradition; zum anderen haben Dichter wie Hölderlin oder Stefan George einen priesterlich-erhabenen Ton, wie man ihn in der Lyrik anderer Nationen kaum findet. Dies zu konstatieren ist keine chauvinistische Überheblichkeit. Man kann die Engländer ja immer noch für ihren Parlamentarismus und die Italiener für ihre Kochkünste bewundern. Aber es gibt eben eine spezifische Qualität des deutschen Geistes – nenne man sie Wesensschau, Exaltiertheit, Grüblertum, was auch immer. Und diese Eigenart gilt es, in einer immer perfekter verwalteten Welt nicht zuschanden werden zu lassen.

ZIVILISATION!

Zu den verhängnisvollsten Traditionen der deutschen Geistesgeschichte gehört die Trennung zwischen Zivilisation und Kultur. Die Erstere, so erklärt man uns, sei oberflächlich, kalt, mechanisch, nur aufs Materielle orientiert, vor allem aber: irgendwie ausländisch. (Früher wurden in Deutschland als Feindbild die Franzosen an die Wand gemalt, später waren es die Briten, heute sind die Amerikaner dran.) Tiefdunkelbedeutsam sei hingegen die Kultur. Bei ihr handle es sich um etwas Autochthones, also fest in der Geschichte Verwurzeltes. Gleichzeitig will man uns weismachen, dass eben diese Kultur ungeheuer bedroht sei – angeblich soll sie von den Kräften der Zivilisation plattgewalzt werden. In diesem Zusammenhang ist dann meist von den Filialen der Fastfoodkette »McDonald's« die Rede, die der heimisch gewachsenen Esskultur den Garaus machen.

In Wahrheit verhält es sich indessen genau umgekehrt: Die Zivilisation ist das Bedrohte, die Kultur das (wenigstens potenziell) Übermächtige. Doch das, worauf es ankommt, um das Zusammenleben der Menschen wenigstens halbwegs erträglich zu gestalten, ist eine Handvoll zivilisatorische Regeln. Zivilisation bedeutet in ihrer extremen Schrumpfform nicht mehr als die goldene Weisung des Rabbi Hillel: »Tu keinem anderen an, was du nicht willst, dass er dir antun soll.« Alles Weitere folgt daraus – fundamentale Regeln der Höflichkeit etwa: dass man Leute nicht beschämen soll, dass es sich nicht gehört, andere in den Boden zu stampfen, nur weil sie schwächer sind, dass man Frauen die Tür aufhält.

Die Kultur ist im Gegensatz zu diesem zivilisatorischen Minimum häufig nicht mehr als der nette Vorwand, um einen Ausrottungskrieg zu beginnen. Erinnern wir uns an das ehemalige Jugoslawien! Da beschoss der gescheiterte Lyriker Radovan Karadzić im Namen des »reinen Serbentums« die multikulturelle Stadt Sarajewo, in der man seine miserablen Verse stets verrissen hatte. So sieht der Primat der Kultur in der Praxis aus. Noch ein abschließendes Wort zu »McDonald's«: Fastfood gab es schon bei den alten Römern. Und weltweit am weitesten verbreitet sind nicht Cheeseburger, sondern Pizza, Pasta und andere Erzeugnisse der italienischen Küche.

MMMMMMM, KAFFEE

Am besten macht man Kaffee so wie die Araber: Man gibt also gemahlene Kaffebohnen mit gemahlenem Kardamom und nicht zu wenig Zucker in ein offenes Messingtöpfchen, gießt Wasser dazu, lässt das Ganze drei Mal aufkochen, trinkt dieses heiße Himmelsgetränk aus winzigen Kaffeetassen und stülpt sie nach Genuss um, damit man aus dem schwarzen Satz die Zukunft voraussagen kann. Das Interessante ist, dass während der gesamten Zubereitung nie der charakteristische Kaffeegeruch die Küche (oder das Beduinenzelt) erfüllt: Das Aroma bleibt hübsch in der Flüssigkeit, versiegelt von dem Kardamom-Kaffee-Pulvergemisch, das beim Kochen als dunkler Schlamm nach oben gestiegen ist. Braut man Kaffee nach dieser phantastisch simplen Urmethode, schmeckt man angenehm überrascht, wie das Getränk eigentlich gemeint war.

Zwei Nachteile hat diese Methode indessen. Erstens: Nippt man zuviel arabischen Kaffee, legt in der Brust ein Presslufthammer los, bis der Arzt kommt. Zweitens: Man kann seinen Kaffee nicht mit Milch trinken. Und das ist schade, denn Kaffee mit Milch – vor allem, wenn sie geschäumt wurde – eröffnet vielfältige und zauberhafte Möglichkeiten. Die Behauptung ist gewiss nicht übertrieben, dass Cappuccino zu den bedeutendsten Beiträgen Italiens zum Weltkulturerbe gehört, neben Verdi-Opern und noch vor Spaghetti Carbonara. Doch was heißt hier Cappuccino! Es gibt ja so viele Möglichkeiten, Kaffee mit Milch zu versetzen – oder umgekehrt Milch mit Kaffee. Nehmen wir nur den Latte Macchiato, der in Amerika einer ganzen politischen Richtung den Namen gegeben hat, den verächtlich so genannten *latte liberals,* das heißt linksliberalen Großstadtintellektuellen, die für die echte Sache zu lasch sind. Die Politik aber soll uns nicht stören noch vom Genuss abhalten. Versetzt man den Macchiato etwa mit einem kräftigen Schuss Karamellsirup, erhält man ein Heißgetränk, das jedes Dessert ersetzt und auch solche Leute an eine glückliche Kindheit erinnert, die früher immer mit dem Rohrstock verdroschen wurden.

Das alles mag nun nach Verachtung des heimischen Filterkaffees klingen. Aber so war es nicht gemeint – der echte Kaffeeliebhaber lässt sich von niemandem Mangel an Patriotismus vorwerfen. So ein dampfender Pott mit Schlagsahne ist eine Wohltat. Insbesondere dann, wenn man den Kaffee mit Rum streckt. Dass wir jetzt auch nur ein Wort über jenes bräunliche Gesöff verlieren, das überhaupt nur den Anschein der Genießbarkeit erwirbt, wenn man seine Bitterkeit mit reichlich Kandis übertönt – das ist doch wohl zu viel verlangt.

MMMMMMM, TEE

Von Teebeuteln reden wir hier nicht. Auch nicht von jenen schwachen chinesischen Teesorten, die, damit sie überhaupt nach etwas schmecken, geräuchert oder in ungesund engen Kontakt mit Vanilleschoten gebracht wurden. Wir beschäftigen uns hier ausschließlich mit dem Eigentlichen und Wahren, das heißt mit Darjeeling, lieber aber noch mit Assam. Alles andere sind keine Religionsfragen, sogar Unfermentiertes wollen wir gelten lassen. Das Resultat ist bernstein- oder jasminfarben und hat immer denselben Effekt: Wer eine Tasse Tee genießt, fühlt sich hinterher klüger, mutiger und besser. Manchmal auch schöner. Allerdings muss man bei der Zubereitung ein paar Regeln beachten. De Wichtigste zuerst: Teekanne anwärmen! Wer Tee in einer kalten Kanne bereitet, ist nicht würdig, Kind der westlichen Zivilisation zu heißen. Ferner sollte man die Kanne zum heißen Wasser bringen und nicht umgekehrt – das Wasser muss noch kochen, wenn es auf die Teeblätter stürzt. Dass die Teeblätter nicht in einem von diesen ekligen Eiern aus Metall oder einem unhygienischen Teestrumpf gefangen sein, sondern ruhig frei n der Kanne herumschwimmen dürfen, finden wir eher selbstverständlich.

Die Menge von Tee richtet sich exakt nach der Vorgabe, die einst den Briten half, ihr Weltreich zu regieren:

one for each cup, one for the pot – zu deutsch: ein Tee-
löffel voll für jede Tasse, die in die Kanne passt, und
dann noch einen drauf. Die Kanne sollte übrigens aus
Porzellan oder glasiertem Ton sein; was in Blech ge-
brüht wurde, schmeckt auch so. Man bereite Tee immer
in kleinen Mengen zu. Schließlich müssen wir keine Ge-
fängnisbesatzung oder Kompanie verpflegen. Aber nur
ältere Damen haben das Recht, Tee aus durchscheinen-
den Porzellantässchen zu nehmen. Der wahre Genießer
macht es anders: Er trinkt ihn dampfend und in kräftigen
Schlucken aus zylindrischen Gefäßen. Milch schmeckt
im Tee seltsamerweise erst, sobald man das Hoheits-
gebiet der Britischen Inseln erreicht hat.

Der Purist George Orwell bestand darauf, man dürfe
Tee nur ohne Zucker trinken. Hier müssen wir aus patrio-
tischen Gründen auf einer Ausnahme bestehen: Ostfrie-
sentee mit Kluntjes ist eine Köstlichkeit, und das Ge-
räusch, wenn die klobigen Zuckerstücke im heißen Nass
zerknacken – Umrühren gilt in Ostfriesland nämlich als
unfein – erfreut das Herz. Diese Sorte Tee ist unbedingt
mit Sahne zu genießen. Der Anblick, wie die Sahne sich
in hellen Strähnen durch die dunkle Flüssigkeit kringelt,
stimmt auch Leute meditativ, die Yoga zu anstrengend
finden.

Kaffee? Was ist das?

Wirtschaftliche Erwägungen

STEUERN SOLL MAN HINTERZIEHEN

Die Sowjetunion war wenigstens ehrlich: Sie sperrte ihre Untertanen in Zwangsarbeitslager, wenn sie nicht spurten. Der bürgerliche Staat aber nimmt sich ganz selbstverständlich das Recht, einen Teil unseres Eigentums zu konfiszieren – wer sich weigert, muss mit empfindlichen Geldstrafen rechnen (es wird ihm also noch mehr Eigentum weggenommen), oder man steckt ihn ins Gefängnis. Mit anderen Worten: Es ist die Drohung mit nackter Gewalt, die das Steuersystem aufrechterhält. Der gewöhnliche brave Steuerzahler möge einmal nachrechnen, wie viele Monate im Jahr er sich fürs Finanzamt abrackert und von welchem Moment an er für sich selber tätig ist. Was ist aber Arbeit, die man sozusagen mit vorgehaltener Pistole für jemand anderen leistet, anderes als Zwangsarbeit?

Wenn nun die Steuergelder wenigstens für etwas Nützliches verwendet würden! Das ist aber offenkundig nicht der Fall. Der Staat verwendet das Steueraufkommen im Wesentlichen für die folgenden drei Zwecke. Erstens: Er staffiert seine Bürokratie aus, indem er viel zu vielen Angestellten grotesk hohe Gehälter zahlt und auf jede Krise mit der Eröffnung einer neuen nutzlosen Behörde antwortet. Dies gilt in besonderem Maße für Deutschland, dessen Beamtenkaste spätestens seit der Kaiserzeit weiß, wie man sich aus den einschlägigen Kassen bedient. Zweitens: Der Staat verschleudert Steuergelder für Subventionen, mit denen künstlich irgendwelche unsinnigen Wirtschaftszweige am Absterben gehindert werden. So erhalten Europas Bauern jährlich Milliarden dafür, dass sie weiterhin die Umwelt verpesten, und die öffentliche Hand fördert die Braunkohleindustrie, obwohl kein Mensch mehr weiß, wozu Braunkohle gut sein soll. Drittens: Das Geld fließt direkt ins Ausland, um dort ausgewählte Terroristen oder Autokraten zu unterstützen. Oder es dient zur Unterstützung notleidender Opernregisseure, die sonst nicht die Muße hätten, das klassische Repertoire zu verhunzen.

Leider ist nicht damit zu rechnen, dass alle Bürger gleichzeitig in den absoluten Steuerstreik treten und damit das System zum Einsturz bringen. Aber wer seine Steuern hinterzieht, setzt immerhin schon einen Anfang: Jeder Einzelne, der so handelt, sorgt dafür, dass dem Staat Geld entzogen wird, und das läuft ungefähr auf dasselbe hinaus, wie wenn man einem Drogensüchtigen den Stoff entzieht. Der Staat wird dadurch gezwungen, strengere Ausgabendisziplin zu üben – vielleicht muss er sogar auf ein paar besonders absurde Projekte verzichten. So macht jeder Steuerhinterzieher sich um das Gemeinwohl verdient – häufig mehr, als ihm selber bewusst ist.

STEUERN SOLL MAN BEZAHLEN

CONTRA

Es ist verständlich, wenn der gemeine Lohnempfänger mit Unmut darauf reagiert, dass vom Bruttogehalt nach allen Abzügen nur noch gut die Hälfte übrigbleibt; es ist verständlich, wenn Selbständige mit kaum verhohlener

Wut feststellen, dass Vater Staat ihnen von jedem mühsam verdienten Euro fünfzig Cent abknöpft. Aber so verständlich diese Emotionen auch sein mögen, sie sind nicht berechtigt. Denn in Wahrheit ist das Bruttogehalt eine Fiktion und das steuerfreie Einkommen eine Schimäre.

Dies hat folgenden Grund: Das Palladium des sittlichen Staates ist, wie schon Heinrich Heine anmerkte, das Eigentum. Ohne Eigentum geht gar nichts. Ohne Eigentum gäbe es kein Geld, keinen Zins, keine wirtschaftliche Dynamik. Das Eigentum aber ist ein Rechtstitel. Damit in einem Land Eigentum existiert, muss es zunächst eine legale Infrastruktur geben – unabhängige Gerichte, Grundbücher, in die eingetragen wird, wem genau welcher Acker gehört, Gerichtsvollzieher, die einem Bankrotteur ohne Ansehen der Person seine Villen und Sparbücher pfänden (auch dem Premierminister, auch dem Polizeichef). Kurz, damit das Eigentum in die Welt kommen kann, muss zunächst schon so etwas wie ein Rechtsstaat vorhanden sein. Ein Land wie der Kongo, der im Grunde nur ein Fleck auf einer Landkarte ist, aber nicht mehr, weil er von lauter Gangs und Cliquen beherrscht wird, kennt kein Eigentum – nur Beutesäcke (Rohdiamanten), die von Verbrecherbanden weggeschleppt werden. Cum grano salis gilt dasselbe für ein Land wie Saudi-Arabien, das ja im Wesentlichen nichts weiter als ein Grundstück ist, das von einer Familie beherrscht wird. Kein Eigentum. Stattdessen gibt es dort Rentiereinkünfte aus dem Verkauf der natürlichen Ressourcen (Erdöl), die nach dem Gutdünken des Herrscherclans unter den Untertanen verteilt werden, um so ihr Wohlverhalten zu erkaufen. Wirtschaftliche Dynamik kann auf diese Weise natürlich nicht entstehen.

Mit den Steuern, die der Staat von uns abschöpft, sorgen wir dafür, dass das legale Fundament gelegt wird, auf dem wir überhaupt erst imstande sind, unsere Einkommen zu erzielen. So betrachtet, zahlen wir Steuern aus einer höheren Art von Egoismus: Als Teilnehmer am Wirtschaftskreislauf haben wir alle ein vitales Interesse, dass es einen Rechtsstaat gibt. Anderenfalls könnten wir nicht in friedlichem Wettbewerb gegeneinander antreten, um so viel Geld wie möglich zu scheffeln. Wir müssten uns entweder mit Maschinenpistolen bewaffnen, um einander die Goldbarren abzujagen, oder einer Regierungkaste die Füße küssen, damit sie uns an den guten Dingen dieser Erde teilhaben lässt.

BARGELD IST SCHICK

Es gebe nichts Abstrakteres als die sogenannten materiellen Werte, hat einst Theodor W. Adorno geäußert. Das ist in gewissem Sinn natürlich immer richtig, aber in der Kreditkarte kommt diese Wahrheit besonders deutlich zur Erscheinung: All unsere Ersparnisse, all unser hart erarbeitetes Vermögen, die Mühen und Sorgen eines entbehrungsreichen Lebens reduzieren sich am Ende auf ein wertloses Stück Plastik. Das soll nun alles sein? Dafür haben wir uns die Krumen vom Mund abgespart und auf jede fleischliche Vergnügung verzichtet? Gehen wir hingegen zur Bank und heben wir ein paar Scheine ab, halten wir stolz den sinnlichen Beweis dessen in der Hand, was wir geleistet haben – noch besser sind nur Münzen, die fröhlich in unserer Hosentasche klimpern.

Indessen hat das Zahlen mit Bargeld auch einen pragmatischen Vorzug: Aus anthropologischer Sicht sind wir nämlich für die Anforderungen, die Kreditkarten an unser Gehirn stellen, nicht gemacht. Wir kapieren einfach nicht, dass wir genauso Geld ausgeben, wenn wir unsere Karte rüberreichen und unseren Namen auf einen Fetzen Papier kritzeln, als wenn wir Scheine über den Tresen wandern lassen würden – deswegen schwelgen wir im Luxus und führen uns auf wie Krösus persönlich, in der Hoffnung, dass das dicke Ende nie kommt. Es kommt aber spätestens Ende des Monats mit der Post in unser Haus gerauscht: als Beleg, dass wir unser mageres Gehalt für Tinnef und Tralala verschwendet haben. Wer seine Kreditkarte einstampft und seine Geschäfte ausschließlich bar abwickelt, widersteht dieser Versuchung.

Der schlagende Einwand gegen die Kreditkarte an und für sich ist aber ein ästhetischer: Die Dinger sind hässlich, sie sehen immer billig aus. Am billigsten wirken die teuren Exemplare, die auf Gold und Platin machen – Plastik bleibt nun einmal Plastik. Geld dagegen kann sehr schön sein: Denken wir nur an die wunderbar gestalteten Münzen, die man in der Schweiz in die Hand gedrückt bekommt, oder an die englischen Pfundnoten, die beweisen, dass die Queen in ihrer Jugend ausgesprochen hübsch gewesen ist; denken wir an die Dollarscheine mit ihrem großartigen Wahlspruch »In God We Trust«, der sich organisch mit (atheistischer) Freimaurersymbolik verbindet. Wer mit

Geld umgeht, der pflegt den Umgang mit Kunstwerken –
er verschönert subtil seinen Alltag.

KREDITKARTEN SIND TRUMPF

Was denken Sie, wenn Sie einen Typen sehen, der ein
zusammengerolltes Bündel Geldscheine aus seiner
Hosentasche zieht – womöglich ist das Bündel noch
von einem Gummiband zusammengehalten – und die
Scheine großkotzig einzeln auf den Tisch blättert? Sie
denken: Unterwelt, Mafia, Ludenmilieu. Und wahrscheinlich haben Sie völlig Recht. Was aber fällt Ihnen
ein, wenn Sie einen Menschen die Straße entlanggehen
sehen, der eines dieser verschließbaren Lederköffer-
chen an sein Handgelenk gekettet trägt, was ja wohl nur
daran liegen kann, dass das Köfferchen bis an den Rand
mit Barem gefüllt ist? Ihre natürliche Assoziation lautet:
Schmiergeld, Kokainhandel, Europäisches Parlament
beziehungsweise russischer Geheimdienst. Und wieder
dürften Sie mit dieser Vermutung goldrichtig liegen.

Pecunia non olet, aber Bargeld stinkt. Wer Scheine in
größerer Menge mit sich führt, kann kein Ehrenmann
sein: Mindestens betrügt er das Finanzamt und handelt
mit minderjährigen Mädchen, wenn er nicht an einem
Plan tüftelt, Atomwaffen nach Usbekistan zu verschie-
ben, um damit einen nuklearen Schlagabtausch zwischen Russland und Georgien zu provozieren. Wer aber
Geldscheine in geringen Mengen in der Hosentasche
trägt, ist einfach nur ein Idiot. So jemand lädt Straßen-

räuber ja geradezu ein, ihm hinterrücks einen über den Dez zu hauen und sein Portemonnaie zu k auen. Schließlich leben wir im einundzwanzigsten Jahrhundert, und es gibt längst eine zivilisierte Alternative zum Baren: jene kleinen rechteckigen Karten aus Plastik, mit der wir von hier bis Daressalaam wie Könige behandelt werden.

Die Kreditkarte hat verschiedene unschätzbare Vorteile. Sie ist – erstens – ehrlich: Jede Zahlung, die wir tätigen, kann in allen Details bis zu ihrem Ursprung zurückverfolgt werden. Wir könnten mit unserem Kreditkartenbeleg sowohl vor die staatlichen Behörden als auch vor die himmlischen Heerscharen am Tag des Jüngsten Gerichts hintreten. Zweitens ist die Kreditkarte praktisch. Das lästige Wühlen nach Kleingeld entfällt ebenso wie die Sorge, ein Taschendieb könnte uns ausnehmen wie eine Weihnachtsgans. Drittens hat das Zahen mit Kreditkarte Flair: Wir kritzeln unseren Friedrichwi helm aufs Papier und fühlen uns, während wir bezahlen, als seien wir Greta Garbo und Cary Grant in einer Person.

HOCH DAS SPARBUCH

Wie jeder weiß, ist es ganz leicht, an Geld zu kommen: Man gibt immer ein bisschen weniger aus, als man einnimmt. Das war es schon. Einfach immer ein bisschen weniger ausgeben: Über die Jahre häufig sich die Groschen, die Cents, die Euroletten, die man nach dieser Methode beiseitelegt, wie von selbst zum Hügel, zum Berg, zum kleinen oder größeren Vermögen. Was aber soll man damit anstellen? Spielernaturen tragen ihre Reichtümer ins Casino, lassen sie dort in hässliche Plastikchips umtauschen und verjubeln diese anschließend beim Roulette. Hurenböcke gehen ins Bordell, schieben barbusigen Bauchtänzerinnen Scheine in den Slip und wundern sich, wenn sie hinterher unbefriedigt und mit leeren Taschen von dannen ziehen. Narren werfen das schöne Geld in hohem Bogen zum Fenster hinaus. Doch wer noch einen Rest von Hausverstand hat, der verfügt über ein Sparbuch. Mit diesem bewaffnet, fällt es nicht schwer, einen weiten Bogen um Casinos, Bordelle und offene Fenster zu machen. Schnurstracks steuert man die nächste Bank an, blättert die Scheine auf den Tisch, die man schon wieder nicht ausgegeben hat, und lässt sie dem Konto gutschreiben. Mit gutem Gewissen und den neuesten Schlager pfeifend geht man nach Hause.

So ein Sparbuch macht nicht viel her. Es sieht beinahe grauenhaft nüchtern aus. Bei genauer Betrachtung zeigt sich indessen: Nur das Sparbüchlein lässt das eigene Vermögen sinnlich erfahrbar werden – es erinnert an Onkel Dagoberts Geldspeicher (der kapitalistische Erpel aus der Comicwelt von Walt Disney liebte es bekanntlich, die Goldmünzen in die Luft zu werfen und sie sich auf die Glatze prasseln zu lassen). Im Sparbuch sehen wir die schwarzen Zahlenkolonnen, die sich stetig zu immer höheren Summen addieren – die kleinen Subtraktionen zwischendurch, die von Abhebungen herrühren, nehmen wir gelassen hin. In einer ruhigen Viertelstunde können wir uns hinsetzen und das Buch durchblättern, als sei es der Roman unseres Lebens – in dem gerührten Wissen: Das alles gehört uns! Wir haben das erwirtschaftet! Mit unserer eigenen Hände Arbeit usw.! Und Zinsen gibt es auch noch! Ein wohliger Schauer stiehlt sich das Rückgrat hinauf und wärmt uns bis unter die Schädeldecke.

Nun gibt es Leute, die wollen uns dazu bringen, unser Sparbuch in den Müll zu werfen und an seiner Stelle Aktienpakete zu kaufen. Das wäre freilich noch schöner. Bei einem Sparbuch weiß man jederzeit, was man hat. Die Zinsen sind zwar nicht so hoch, aber dafür ist bei jeder wirtschaftlichen Wetterlage auf sie Verlass: Es mag regnen oder schneien, ein Orkan mag die gesamte Börse hinwegfegen – die Sparbuchzinsen werden so zuverlässig ausgezahlt, wie nach einem Unwetter die Sonne wieder aufgeht.

HOCH DAS AKTIENPAKET

Natürlich kann man das Geld, das einem am Ende des Monats übrigbleibt, seinem Sparbuch gutschreiben lassen. Man kann es aber auch in einen alten Strumpf stecken, wie es früher die Omas taten. Dieses Verfahren ist im Grunde sogar rationaler, denn der pralle Geldstrumpf bleibt in jedem Fall erhalten, während das Sparbuch lediglich den Schein von Sicherheit vermittelt: Es könnte ja die Bank pleitegehen. Als kleiner Gläubiger würde man dann mit genauso leeren Händen dastehen wie nach einem Börsencrash. Überhaupt, dieses Herumreiten auf der Sicherheit! Hätte die Menschheit sich immer nur auf Unternehmungen eingelassen, bei denen von vornherein feststand, dass sie gut ausgehen würden – wir säßen heute in Bärenzottelfellen vor unseren Höhlen und würden darauf warten, dass das nächste Mammut vorbeitrottet.

Die meisten Menschen haben, wenn sie das Wort »Aktie« hören, eine ganz falsche Assoziation: Sie denken an ein Stück Papier, das von den Winden der Weltwirtschaft mal hier- und mal dorthin geweht wird und am Ende in den Frieden der Mülldeponie eingeht. In Wirklichkeit gibt es Aktien, deren Kurs erstaunlich stabil bleibt – außerdem existieren neben Aktien ja noch Pfandbriefe und Kommunalobligationen! Im Übrigen hat niemand gesagt, dass jeder Kleinanleger jetzt gleich an die Börse gehen und zocken soll. Die Rede ist vielmehr schon die ganze Zeit vom Erwerb eines Aktienpakets. Das bedeutet: minimiertes Risiko bei Zinsen, von denen Sparbuchheinis nicht einmal träumen würden, wenn man ihnen Kokain in den Blümchenkaffee schüttet. Gewiss kann man dann nicht mehr in einem Sparbuch blättern und zusehen, wie sich das Geld langsam vermehrt. Dies hat einen einfachen Grund: Das Geld vermehrt sich nicht mehr langsam. Es nimmt vielmehr rapide zu – wer per Internet Einblick in sein Konto hat, kann dies live mitverfolgen. Plötzlich macht es Spaß, die Börsenberichte in der Zeitung zu studieren. Es ist großartig, sich mit dem Gefühl zurückzulehnen, dass man sein Geld für sich arbeiten lässt. Schließlich hat man den Zaster sauer genug verdient, nun soll der sich gefälligst auch mal ein bisschen anstrengen.

Viel von dem Widerwillen gegen Aktien rührt von dem Geruch her, der den Beruf des Spekulanten umgibt.

Da denkt man gleich an jung-alerte, aber auch schmierige Typen, die binnen Minuten gewissenlos Millionen vernichten. Mit solch dunklen Geschäften möchte verständlicherweise niemand etwas zu schaffen haben. Bei Lichte betrachtet sind Spekulanten aber die Trüffelschweine des Kapitalismus. Es muss sie geben, sonst würde niemand aufspüren, wo Chancen und Risiken der Geldwirtschaft verborgen liegen. Wer Aktienpakete erwirbt, kann wenigstens aus der Ferne an diesem Abenteuer teilhaben.

FÜR DEN ALTRUISMUS

In einem polnischen Film gibt es folgende Szene: Eine fortschrittliche Lehrerin fährt aufs Land zu einer Bauernfamilie und sieht dort, dass die ganze Familie aus einer einzigen Schüssel isst. Um der Misere abzuhelfen, bringt sie Suppenteller mit. »Was denn, sollen wir etwa aus denen essen?«, poltert der alte Bauer. »Ja, sind wir denn Tiere?« In dieser scheinbar absurden Bemerkung steckt viel Wahrheit. Tiere haben es tatsächlich schwer, aus einem gemeinsamen Trog zu fressen. Sie zanken sich um den besten Platz, sie gönnen einander nichts; sie sind nicht imstande, ihrem Nachbarn höflich den Vortritt zu lassen. Menschen dagegen sind zum Altruismus fähig. Wir haben zwar dieselbe biologische Programmierung wie die anderen Säugetiere, das heißt, wir würden gern als Erste unseren Löffel in die Suppe tauchen und grunzend alle Schwächeren vertreiben – weil wir aber außerdem Kulturwesen sind, gelingt es uns, den eigenen Appetit zu zügeln: Wir können unsere Interessen hintanstellen, damit auch unsere Mitmenschen satt werden.

So könnte man sagen, dass der Altruismus jenes Spezifikum ist, das uns von den Tieren unterscheidet. Wären wir nichts als Egoisten, würden wir allein unserer tierischen Natur gehorchen – in diesem Fall hätten wir keine einzige der großen Kulturleistungen der Menschheit hervorgebracht. Denn für diese Kulturleistungen war Teamwork notwendig. Als Altruisten wachsen wir über uns hinaus: Wir bauen Schulen, öffentliche Schwimmbäder und Stadtteilbibliotheken. Ja, wir bauen und schaffen sogar für die Nachwelt (an die Tiere nicht einmal im Traum denken würden). Eltern legen sich krumm, weil ihre Kinder es einmal besser haben sollen. Dichter vermachen ihre Manuskripte und Bücher selbstlos an Universitäten. Philanthropen stiften Opernhäuser und Theater, damit noch viele künftige Geschlechter sich am Schönen erfreuen können. Mäzene geben Geld für Institute, an denen Kuren für Krankheiten entwickelt werden.

Ohne Altruismus würden wir in einer kalten und grausamen Welt leben, wir würden wieder auf eine primitive Stufe des Daseins zurückfallen. Kein Arzt würde mehr Überstunden machen, um Kranke zu heilen. Kein Feuerwehrmann würde sein Leben riskieren, um das schreiende Baby aus dem brennenden Haus zu retten. Stumpf auf den eigenen Vorteil bedacht, würden wir vor uns hin vegetieren. So ist jeder Fortschritt in der Menschheitsgeschichte im Grunde ein Triumph der Selbstlosigkeit gewesen: ein Schritt weg von der Tiernatur, der wahren Bestimmung des Menschseins entgegen.

FÜR DEN EGOISMUS

Noch jedes kriminelle Regime hat bisher an den Altruismus appelliert: »Gemeinnutz geht vor Eigennutz«, war eine beliebte nationalsozialistische Parole. In der DDR wurde unaufhörlich die »Solidarität der Werktätigen« beschworen, und auch die islamischen Fundamentalisten singen das Hohelied der Selbstlosigkeit im Dienste der edlen Sache. Das alles ist kein Zufall. Dem Ideal des Altruismus wohnt ein totalitäres Moment inne: Nähme man ihn ganz ernst, dann müsste man das eigene Ich auslöschen, um den anderen einen Gefallen zu tun. (»Du bist nichts, dein Volk ist alles«, sagten die Nazis.) Aber nach welcher Logik sind die anderen eigentlich so viel wertvoller als man selber? Gibt es dafür irgendeine philosophische Rechtfertigung? Ist nicht vielmehr jedes vernunftbegabte Wesen zunächst einmal für sich selbst verantwortlich?

Der dialektische Witz ist, dass die Gesellschaft erheblich besser funktioniert, wenn sie den Egoismus belohnt, als wenn sie den Altruismus feiert. Der englische Dichter Mandeville hat dies in seiner berühmten und genialen Bienenfabel geschildert: Die Bienen schwirren emsig von Blüte zu Blüte, um Nektar zu saugen – dabei ist jede von ihnen nur auf den eigenen Vorteil bedacht. Aber wenn sie in den Bienenstock zurückkehrt, verwandelt sich der Nektar, den der Egoismus gesammelt hat, in Honig für alle: So erwächst aus den persönlichen Lastern der öffentliche Nutzen (»private vices, public benefits«). Adam Smith hat diese Einsicht in seinem Buch »Der Wohlstand der Nationen« zu einer Wirtschaftstheorie ausgeweitet: Nicht um der Gesellschaft einen Gefallen zu tun, backt der Bäcker Brot und macht der Metzger Würste, schrieb er, sondern weil sie sich einen Profit davon versprechen. Aber just dadurch, dass jeder egoistisch seine Interessen verfolgt, wird am Ende – wie von einer »unsichtbaren Hand« gelenkt – der Nutzen aller gemehrt.

Die Azteken hatten eine finstere und blutige Religion: Sie glaubten, die Sonne werde morgens nicht mehr aufgehen, wenn die kosmischen Götter nicht regelmäßig ihre Menschenopfer bekämen. Der Altruismus ist im Prinzip ein ebenso finsterer Irrglaube: Seine Anhänger verlangen, dass der Einzelne sich auf dem Altar des Allgemeinwohls zum Opfer darbringen soll. Wer für den Egoismus Partei ergreift, verabschiedet sich von diesem magisch-blutrünstigen Denken. Der Slogan das Egoismus ist so human wie praktikabel: »Ich werde mich für niemand anderen opfern, noch werde ich von jemand anderem verlangen, dass er sich für mich opfern soll.«

NICHTS GEHT ÜBER
EINE EIGENTUMSWOHNUNG

Wer gern Raubtieren etwas Gutes tut, der mag weiterhin Miete zahlen. Ein Drittel dessen, was er im Schweiße seines Angesichts verdient hat – manchmal aber auch die Hälfte – wird sich jeden Monat (jeden Monat!) auf Nimmerwiedersehen von seinem Konto verabschieden. Der Vermieter wird die Bissen mit fettem Grinsen quittieren, wie das jeder Haifisch an seiner Stelle täte. Gleichzeitig wird er Blut riechen, und seine Gier wird wachsen. Darum sind alle Vermieter ausgesprochen kreativ beim Ausdenken von Nebenkosten, die sie vergütet haben wollen, und die Geldklumpen, die ihre scharfen Zähne aus der Verfügungsmasse herausreißen, fallen mit jedem 1. Januar größer aus. Tropft aber einmal der Wasserhahn, sind die Haifische natürlich nicht zuständig. Das steht im Kleingedruckten des Mietvertrages.

Wenn man eine Wohnung kauft, ist man mit einem Mal den Vermieter los. Ein herrlich befreiendes Gefühl! Gewiss: Wer nicht reich geboren wurde oder eine Milliarde im Lotto gewonnen hat, muss erst einmal zur Bank gehen und sich bis über beide Nasenlöcher verschulden – aber es lohnt sich. Von nun an wirft man nämlich keinem Hai mehr Geld in den Schlund. Statt dessen bezahlt man eine Hypothek ab, und das ist ein gewaltiger, nein: der entscheidende Unterschied. Mit jeder Rate, die man überweist, wächst die Gewissheit, dass einem die Wohnung am Ende ganz und gar selber gehören wird. Man macht im Wohnzimmer die Beine lang, schaut sich um, verschränkt die Hände im Nacken und weiß: alles meins. Wer Kinder hat, kann ihnen mit dem zärtlichen Gedanken übers Haar streichen, dass sie dermaleinst einen handfesten Sachwert erben werden. Wer keine Kinder hat, sieht seiner Zukunft beinahe furchtlos in die blutunterlaufenen Augen: Kann ja sein, dass ich eine völlig lächerliche Rente kriege, wenn ich mal alt und klapprig bin (so räsoniert man), aber immerhin kann mich dann niemand aus den eigenen vier Wänden plus Zimmerpflanze vertreiben. Nun soll es Leute geben, die nicht so weit vorausplanen, sei es aus Gewohnheit oder Neigung. Aber auch diese kurzsichtigen Menschen haben von einer Eigentumswohnung nur Vorteile: Schließlich kann man die Immobilie jederzeit wieder verkaufen und hat dann einen schönen Batzen Bares auf der Hand.

Tatsächlich gibt es nur eine Lebensphase, in der es verzeihlich ist, wenn man zur Miete wohnt: Studenten dürfen und sollen wie Schmetterlinge von einer unaufgeräumten Bude zur nächsten flattern. Doch wer diese leichtsinnige Form der Existenz bis ins reife Erwachsenenalter verlängert, zeigt einen Hang zur Asozialität. Und Asoziale landen früher oder später auf der Straße.

NICHTS GEHT
ÜBERS MIETEZAHLEN

Häufig sind materielle Werte wie Pusteblumen: ein kleines Lüftchen, und alles ist verweht. Am schmerzlichsten erfährt man dies anhand von Eigentumswohnungen. Wer eine Immobilie erwirbt, glaubt, er habe etwas gekauft, das ihm niemand mehr wegnehmen kann – womöglich wähnt er sogar, er habe für die Zukunft vorgesorgt und verfüge über etwas, das seinen fröhlichen Erben zugute kommen wird. Nur eines hat der Wohnungskäufer nicht bedacht: die Schwankungen des Immobilienmarktes. Eine traumhafte Sache mit Dachgarten, für die er eine Million hinblättern musste, liegt dreißig Jahre später vielleicht neben einem Autobahnzubringer. Die meisten Möchtegern-Eigentümer hatten übrigens gerade nicht das nötige Kleingeld, sondern haben sich ein Erwerbsleben lang abgestrampelt, damit im Rentenalter die Hypothek samt Zins und Zinseszins wenigstens halbwegs getilgt ist. Und nun fluchen die Kinder, weil sie dieses wertlose Ding am Bein haben. Immobilien sind, bildlich gesprochen, die einzigen Rettungsringe, die sich unter der Hand in Bleigewichte verwandeln können, vor allem bei stürmischer See. Das ist der Stoff, aus dem zahlreiche Familienalbträume gemacht sind.

Aber auch unter weniger dramatischen Umständen erweisen sich Eigentumswohnungen leicht als Mausefallen für Kleinverdiener. An dieser Stelle sei ein gutes Wort für die armen Vermieter eingelegt: In der Regel handelt es sich ja nicht um raffgierige Raubtiere, sondern um Menschen, die auch nur über die Runden kommen wollen. Als Mieter hat man ihnen gegenüber vor Gericht einen erstaunlich leichten Stand. Vor allem dann, wenn an der Wohnung durch höhere Gewalt große Schäden auftreten. Als Wohnungseigentümer dagegen hat man niemanden, der einem finanziell unter die Arme greift – mit den Folgen eines Wasserrohrbruchs muss man im Zweifel allein fertig werden. Versicherungen haben leider die unangenehme Angewohnheit, sich im Fall des Falles mit einem Achselzucken auf Zehenspitzen davonzustehlen.

Das wichtigste Argument, das dafür spricht, in Mietwohnungen zu leben, ist indessen ein philosophisches. Das Leben ist etwas Vorübergehendes, Flüchtiges – und dieser Tatsache trägt Rechnung, wer selbst auch nur in vorübergehenden, flüchtigen Behausungen weilt. Erinnern wir uns hier an die einzige Stelle der Weltliteratur, wo ausführlich der Kauf einer Immobilie geschildert wird: In der hebräischen Bibel lesen wir von den Verhandlungen, die Abraham mit den Hethitern führte, um die Höhle von Machpela zu erwerben – am Ende wog er ihnen vierhundert Schekel Silber ab, ein exorbitanter Preis. Und was ist die Höhle von Machpela? Nebbich: ein Familiengrab.

DER KOMMUNISMUS
IST EINE TOLLE IDEE

Zugegeben: Auf den ersten Anlauf hat es mit dem Kommunismus nicht so recht geklappt. Auch nicht auf den zweiten oder dritten Anlauf. Statt das klassenlose Paradies auf Erden hervorzubringen, hat jeder Sieg des Kommunismus bisher immer nur zu Zwangsarbeitslagern und millionenfachem Massenmord geführt – sei es in Russland, China, Kuba oder Vietnam. Verächter der kommunistischen Idee haben es also leicht, den Finger zu heben und anzuklagen. Aber haben sie damit Recht? Beweist das Scheitern des Kommunismus in der Praxis, dass auch seine Theorie von Anfang an falsch war? Nach dieser Logik müsste man freilich das Christentum schleunigst auf den Müllhaufen der Geschichte expedieren. Schließlich haben im Namen der christlichen Nächstenliebe genug Scheiterhaufen gebrannt und sind genug blutige Schlachten geschlagen worden. In Wahrheit folgt weder aus den Ketzerverfolgungen noch aus den Kreuzzügen, dass das christliche Ideal nichts taugt – solche betrüblichen Ereignisse zeigen nur, dass das Christentum, wie jede große Idee, von machthungrigen Menschen missbraucht werden kann.

Was aber ist nun eigentlich die kommunistische Idee? Kurz gefasst: eine Gesellschaft ohne Ausbeutung und Herrschaft. Eine Welt ohne Chefs und ohne Geld, in der niemand Angst haben muss zu verhungern oder auf der

Straße zu sitzen, eine Welt der Muße und des Luxus für jedermann, in der endlich alle Menschen ihre Kreativität voll entfalten können. Selbstverständlich sind Kommunisten keine naiven Tagträumer. Sie glauben nicht an ein Wolkenkuckucksheim, das schlüsselfertig in der Zukunft auf uns wartet. Laut Karl Marx ist die Klassengesellschaft mit ihrer Ungerechtigkeit und Unmenschlichkeit ja gerade die Voraussetzung, damit der Kommunismus weltweit siegen kann. Vor allem der Kapitalismus ist nach der marxistischen Theorie *conditio sine qua non*, damit – nach einer kurzen Übergangsphase, in der das Proletariat an die Macht kommt – die Ausbeutung ein für alle Mal abgeschafft werden kann. Der Kapitalismus mit seiner enormen wirtschaftlichen Dynamik schafft nämlich überhaupt erst die technischen Mittel, damit Arbeit keinen Zwang und keinen Fluch mehr bedeutet. Was Marx auf gar keinen Fall wollte, war, dass der Kommunismus in rückständigen, feudalen Ländern siegt, um sich dort anschließend von der Außenwelt abzuschotten – unter diesen Bedingungen, schrieb er in seiner gewohnt kraftvollen Diktion, könne es nur zur »Reproduktion der alten Scheiße« kommen. Der Putsch der Bolschewiki in Russland hätte also kaum seinen Beifall gefunden. Aber entspricht die Entwicklung des weltweit operierenden Kapitalismus nicht ziemlich exakt den marxistischen Prognosen? Stellt er mit Mikrochip und Informationstechnologie nicht wirklich die Mittel bereit, damit nach einer weltumspannenden reinigenden Revolution (die übrigens ganz friedlich verlaufen könnte) der Kommunismus doch noch all seine Versprechungen wahr macht?

DER KOMMUNISMUS
WAR KEINE SO TOLLE IDEE

Der Kommunismus steht in der Tradition des europäischen utopischen Denkens. Dieses Denken basiert auf einer unausgesprochenen philosophischen Voraussetzung, die als dermaßen selbstverständlich gilt, dass sie selten ins Licht gerückt wird: Sie lautet, dass es auf jede Frage eine Antwort gibt, dass diese Antwort für alle Menschen gilt und dass sie – wenigstens im Prinzip – gefunden werden kann. Ohne diese Voraussetzung könnte es keine Gesellschaft geben, in der perfekte Harmonie herrscht – Harmonie nicht nur in der Hinsicht, dass alle ihre Mitglieder geschwisterlich zusammenleben, sondern auch in dem Sinne, dass alle ihre Ideale logisch zusammenpassen. Was aber, wenn diese Voraussetzung falsch wäre? Wenn es auf manche Frage nicht nur eine richtige Antwort gäbe, sondern deren mehrere? Dann stimmen die Ideale, die im Kommunismus verwirklicht werden sollen, plötzlich nicht mehr überein. Jedes dieser Ideale ist, für sich genommen, gut, aber es ist leider unmöglich, diese guten Dinge unter einen Hut zu bringen. Das berühmteste Beispiel einer solchen Unvereinbarkeit stammt von Goethe, er schrieb: »Gesetzgeber oder Revolutionärs, die Gleichsein und Freiheit zugleich versprechen, sind Phantasten oder Charlatans.« Freiheit ist gut, und Gleichheit ist gut. Aber je mehr Betonung auf der

Freiheit liegt, desto weniger Gleichheit gibt es, und umgekehrt. Diese Balance muss von Fall zu Fall neu austariert werden – dazu dient der demokratische Prozess in einer liberalen Gesellschaft. Kommunisten erklären solche Gegensätze in einer selbstherrlichen Geste einfach für nichtexistent. Sie wollen uns glauben machen, in einem einzigen befreienden Akt könnten sämtliche tragischen Widersprüche aufgelöst werden. Darum ist es kein Versehen und kein Zufall, dass noch jeder Versuch, den Kommunismus zu verwirklichen, im Terror endete. Wer eine Harmonie herstellen will, die es aus logischen Gründen gar nicht geben kann, der wird vor keinem Verbrechen zurückscheuen – quod erat demonstrandum.

Sozusagen strafverschärfend kommt hinzu, dass die Wirtschaftstheorie der Marxisten nicht stimmt. Laut Karl Marx beschreitet man den Weg ins Paradies dadurch, dass man das Privateigentum an Produktionsmitteln abschafft – sei dieser Akt erst einmal vollbracht, käme die Produktivität der Gesellschaft richtig auf Touren. In Wirklichkeit ist aber just das Eigentum der Motor der wirtschaftlichen Dynamik – wenn man ihn ausbaut, fährt das Auto keinen Meter mehr, und es gibt nur eine Möglichkeit, wie man es weiterrollen lassen kann: aussteigen und Zwangsarbeiter zum Schieben abkommandieren. Marx scheint dies übrigens zumindest geahnt zu haben. Im »Manifest der kommunistischen Partei« finden sich folgende revolutionären Programmpunkte für die »fortgeschrittensten Länder«: »Gleicher Arbeitszwang für alle, Errichtung industrieller Armeen, besonders für den Ackerbau … Vereinigung der Erziehung mit der Produktion usw. usw.« Das ist die Utopie des Archipel Gulag.

Politische
Diskussionen

ES LEBE DIE BÜRGERLICHE
DEMOKRATIE

Am besten stellen wir uns die Demokratie als uferlose,
das heißt unabgeschlossene und prinzipiell unabschließ-
bare Diskussion vor, bei der jeder mitreden darf: Taxifah-
rer, Physikprofessorinnen, Zahnärzte, Computerfreaks,
Kunstgeschichtsstudentinnen, Bankerinnen, Arbeitslose,
Caféhausbesitzer usw., dazu Parteifunktionäre, Lobby-
isten, Journalisten, Gewerkschaftler, Vertreter religiöser
Vereine etc. Der Stand der Diskussion wird in regelmä-
ßigen Abständen durch freie Wahlen gemessen. Warum
aber zählt in dieser Diskussion jede Stimme gleich (one
man, one vote), warum werden die Meinungsäußerungen
etwa der Gebildeten nicht höher bewertet? Weil es keine
objektive Methode gibt, um Klugheit zu messen (gerade
kluge Menschen können in lebenspraktischen Fragen sehr
dumm sein) und weil die meisten Leute sich in ihren eigenen Angelegenheiten besser auskennen als jeder Spezia-
list. Der Schlachtruf der amerikanischen Revolution lau-
tete: no taxation without representation! Jene, die Steuern
bezahlten, wollten selbst darüber bestimmen, für welche
Zwecke ihr Geld verwendet wurde. Dahinter verbarg sich
nicht nur eine abstrakte Forderung nach Gerechtigkeit,
sondern auch die konkrete Erfahrung, dass jene, die als
Bürger den Staat finanzieren, recht klare Vorstellungen
darüber haben, was sinnvollerweise mit ihren Steuern ge-

schehen soll. (Und sie haben nicht das geringste Interesse, Korruption und Schlendrian zu finanzieren.) Die Demokratie setzt in der allernächsten Umgebung an: im Dorf, der Gemeinde, dem Stadtteil – in Amerika ist es häufig so, dass die Beteiligten einander von Angesicht kennen – und setzt sich dann in konzentrischen Kreisen fort: bis zur nationalen und internationalen Politik. So viel wie möglich soll dabei von denen beraten und bestimmt werden, die es unmittelbar angeht. Eine zentrale Planungsbehörde, und sei sie auch von Genies bevölkert, wüsste weniger gut als die Leute vor Ort, welche politischen Maßnahmen jeweils gerade nötig sind.

Die uferlose Diskussion, die das Wesen der Demokratie ausmacht, ist keine Feierabendplauderei, sondern ein häufig erbittertes Streitgespräch: Alle schreien durcheinander, gestikulieren wild und versuchen, sich gegenseitig das Wasser abzugraben – mal mit unfairen Mitteln, mal mit sachlichen Argumenten. Die Heftigkeit der Debatte zeigt, dass dabei handfeste Interessen aufeinanderstoßen: Gewerkschaftler wollen etwas anderes (und müssen auch etwas anderes wollen) als Langzeitarbeitslose, Banker vertreten eine andere Lobby als Kirchenfürsten … Dass es zu keinem Blutvergießen zwischen den verschiedenen Interessengruppen kommt, liegt nur an einem, dem zentralen Versprechen der Demokratie: Man kann jede Regierung ohne Gewaltanwendung wieder loswerden – einfach per Wahlzettel. So wird es möglich, zu feilschen und Kompromisse zu schließen, Lösungen auf Zeit auszuhandeln, die zwar niemanden zufriedenstellen, vielleicht aber eine kaum merkliche Verbesserung des Status quo darstellen. Dramatisch formuliert: Die Demokratie ist der ständige

Bürgerkrieg, der nie geführt wird. Gleichzeitig ist sie ein kybernetisches Regelsystem mit eingebauter Rückkoppelung, ein Computerprogramm, das aus seinen Fehlern lernt, kurz: die institutionalisierte Selbstkritik in Permanenz.

So entspricht die Demokratie der Menschennatur, die mit Fehlern behaftet ist, sich unsicher von Irrtum zu Irrtum tastet und just dadurch der Wahrheit womöglich ein Stück näher kommt. Christlich gesprochen: Die Demokratie ist Ausdruck der Conditio Humana nach dem Sündenfall, durch den alle Maßstäbe sich verwirrt haben, so dass es nicht mehr möglich ist, die alte Frage »Wie bekommen wir eine gute Regierung?« zu beantworten. Aber wir können immerhin noch sagen, wie wir eine möglichst wenig schlechte Regierung bekommen. Die Kombination »Demokratie − Marktwirtschaft« hat sich dabei als unschlagbarer Doppelpack erwiesen. Das ist kein Zufall, denn auch die Marktwirtschaft basiert auf dem Prinzip von *trial and error* und lernt aus ihren eigenen Pleiten.

FÜR EINE HERRSCHAFT
DER MANDARINE

CONTRA

Wir leben im Westen in liberalen Demokratien. Dies verführt uns zu zwei Fehlschlüssen gleichzeitig: Zum einen scheint es uns so, als sei dabei die Demokratie das Wesentliche und Wichtige. Das ist aber offenkundig falsch. Als viel fundamentaler erweist sich das liberale Element, also der Schutz der Rechte des Einzenen, den der

Staat nicht (oder jedenfalls nicht ohne Weiteres) seines Lebens und seines Eigentums berauben darf und dessen Privatsphäre als sakrosankt gilt. Die Demokratie ist daneben im Grunde zweitrangig. Ein historisches Beispiel mag das verdeutlichen: Großbritannien ist ein liberaler Staat gewesen, lange bevor es zur Demokratie wurde – tatsächlich war das Wahlrecht bis weit ins neunzehnte Jahrhundert grotesk ungerecht. Dennoch wurde Großbritannien in all der Zeit als Hort der Freiheit betrachtet, und das völlig zu Recht. Denn es war der Obrigkeit immer verwehrt, sich allzu störend ins Leben der Bürger einzumischen. Andererseits können Demokratien, bei denen das liberale Element fehlt, höchst unangenehme Gesellschaftssysteme sein, die sogar totalitäre Züge aufweisen – denken wir etwa an Frankreich kurz nach der Revolution. Die Mehrheit regierte uneingeschränkt, und was sie brachte, war die Schreckensherrschaft.

Der zweite Fehlschluss: Wir glauben, dass just die Kombination, mit der wir vertraut sind – die Verbindung der liberalen Gesellschaftsordnung mit der Demokratie –, etwas Logisches, gleichsam Naturwüchsiges sei. In Wahrheit ist sie aber weder philosophisch zwingend, noch war sie historisch notwendig. Man kann die Demokratie mit allem Möglichen zusammenspannen (dem Nationalismus, dem Sozialismus usw.). Und selbstverständlich gilt dasselbe auch für den liberalen Part. Ein Gesellschaftssystem, das wir bisher noch nicht ausprobiert haben, das aber große Potenziale für die Zukunft birgt, wäre die Vereinigung des Liberalismus mit einer Herrschaft der Mandarine, wie es sie im chinesischen

Kaiserreich gab. Mandarine: Das sind nicht »gewählte Volksvertreter«, also Leute, die außer Intrigieren und Schöne-Reden-Halten nichts gelernt haben. Mandarine sind Akademiker. Bevor sie in den Cursus Honorum der Politik eintreten, müssen sie ein gründliches Studium absolviert haben – zu denken wäre dabei etwa an Fremdsprachen (mindestens vier), Geschichte und Wirtschaftswissenschaft, und ein paar Grundkenntnisse in Astrophysik und Geografie wären auch nicht verkehrt. Das Prinzip sollte streng meritokratisch sein; das heißt, jeder hätte die Möglichkeit, in die Mandarinkaste aufzusteigen, aber er oder sie müsste dazu bereit sein, Jahrzehnte seines Lebens unter beinahe mönchischen Bedingungen dem Lernen zu opfern. Nur die Besten der Allerbesten würden am Schluss für das Regierungsgeschäft ausgesiebt – insgesamt bräuchte man nicht mehr als vielleicht tausend Mandarine. Ihre Aufgabe wäre, Gesetze für die gesamte Gesellschaft zu diskutieren und zu beschließen, wobei sie sich streng an die liberale Verfassung zu halten hätten: Es stünde den Mandarins also nicht frei, Grundrechte aufzuheben.

Gegen das Problem, dass Macht korrumpiert usw., gäbe es ein einfaches Korrekturmittel: Aus dem Pool der Mandarine wären jeweils nur höchstens zweihundert mit den Regierungsgeschäften betraut, und das nur für eine Legislaturperiode. Dann käme der Wechsel. Er würde nach dem Lotterieprinzip erfolgen – ein Zufallsgenerator würde also die Namen der Mandarine ausspucken, die als Nächste für vier Jahre die Funktion der Legislative wahrnehmen. Daneben gäbe es wie früher ein Verfassungsgericht und eine (ebenfalls vom Zufalls-

generator ausgewählte) Exekutive. Zeitungen und Fern-
sehsender wären selbstverständlich frei, die Arbeit der
Mandarine nach Herzenslust zu kritisieren und Skandale
aufzudecken. Kurz, alles wäre wie in der Demokratie –
nur hätten Populisten nicht mehr die Möglichkeit, das
Volk zu verführen. Meinungsumfragen würden keine
Rolle mehr spielen, und die Regierungsgeschäfte lägen
in der Hand von kompetenten Leuten. Wäre das nicht
fabelhaft?

AMERIKA IST EINE PRIMA SUPERMACHT

Die Vereinigten Staaten sind ein Glücksfall der Geschichte.
Sie sind nämlich der erste Nationalstaat, der sich nicht auf
einen Abstammungsmythos gründet, sondern auf eine
Idee. Welche Idee das ist, steht in der amerikanischen Unabhängigkeitserklärung von 1776: »Wir halten die folgenden Wahrheiten für selbstverständlich – dass alle Menschen gleich erschaffen wurden, dass ihr Schöpfer sie mit
bestimmten unveräußerlichen Rechten ausgestattet hat,
dass sich unter diesen Leben, Freiheit und das Streben
nach dem Glück befinden.« Die Vereinigten Staaten stellen
damit ein großartiges (und immer noch unabgeschlosse-
nes) Experiment dar, eine Art Neugründung der Menschheit. Das Experiment ist eine Nation, die auf nichts anderem als dem Gedanken der Freiheit basiert. Im Prinzip
kann dieser Nation jeder Erdenbürger angehören, ganz
gleich, welche Farbtönung seine Haut hat und welche Göt-

ter er anbetet. »Schickt mir eure Müden, eure Armen, /
Eure zusammengedrängten Massen, die sich danach sehnen, frei durchzuatmen«, steht auf einer Plakette am Fuß
der Freiheitsstatue in New York. Das ist kein lyrischer
Kitsch. Tatsächlich dürfte das begehrteste Dokument der
Welt die Green Card sein, die ihrem glücklichen Besitzer
erlaubt, in Amerika zu leben und zu arbeiten.

Dass das einzigartige Experiment gelingen kann, wird
durch die geniale Verfassung der Vereinigten Staaten si-
chergestellt. Diese Verfassung löst ein Problem, das kluge
Köpfe schon sehr lange beschäftigt: Wie verteilt man die
Macht so, dass sie keinen mächtig macht – und stellt trotzdem sicher, dass es eine Zentralregierung gibt? Die amerikanische Lösung war, eine starke Exekutive zu schaffen
(das Amt des Präsidenten, der eine Art auf Zeit gewählter
Monarch ist), diesen aber mit lauter Institutionen zu um-
stellen, die ihn kontrollieren: vor allem dem Obersten Gerichtshof, der mit achtzehn scharfen Augen die Einhaltung
der Verfassungsgrundsätze überwacht, aber auch dem
Kongress mit seinen beiden Kammern – dem volksnähe-
ren Repräsentantenhaus und dem elitären Senat. Mit Ab-
wandlungen wurde dieses System der *checks and balances* in
verschiedenen Ländern der Erde nachgeahmt, und immer
hat es sich als erfolgreich erwiesen.

Spätestens hier werden auf den Parteigänger Amerikas
die Einwände niedergehen wie Fallbeile: Aber die Indianer!
Aber die Sklaverei! Aber die Slums! Aber Nixon! Aber der
Ku-Klux-Klan! All diese Einwände beweisen zunächst nur
eines: dass die Vereinigten Staaten von Menschen bevölkert sind, also von sterblichen Wesen mit beschränkter
Vernunft. Die Feststellung, dass es in der amerikanischen

Geschichte von Missständen wimmelte, ist vergleichsweise banal. Interessanter ist die Frage, ob es Versuche gab, diese schreienden Missstände zu überwinden, und wozu diese Versuche geführt haben.

Greifen wir den vielleicht stichhaltigsten Einwand gegen Amerika heraus: Es ist unbestreitbar richtig, dass die Gründungsväter der Vereinigten Staaten samt und sonders Sklavenhalter gewesen sind. Allerdings waren sie es immerhin mit schlechtem Gewissen, denn sie wussten, dass die Existenz von Sklaven den in der Unabhängigkeitserklärung und der Verfassung niedergelegten Grundsätzen eigentlich widersprach. 1861 explodierte dieser Widerspruch in einem blutigen Bürgerkrieg, den der damalige Präsident, der große Abraham Lincoln, als göttliche Strafe für die Sünde der Sklaverei begriff. Der Bürgerkrieg endete mit dem überwältigenden Sieg der Nordstaaten und der Aufhebung der Sklaverei – allerdings wurden den Schwarzen in den Südstaaten auch danach ihre staatsbürgerlichen Rechte verwehrt. Doch 1963 konnte der amerikanische Patriot Martin Luther King, indem er sich auf die Grundsätze der Vereinigten Staaten berief, bei einer Demonstration in Washington sagen: »In gewissem Sinn sind wir in die Hauptstadt unserer Nation gekommen, um einen Scheck einzulösen. Als die Architekten unserer Republik die großartigen Worte der Verfassung und der Unabhängigkeitserklärung schrieben, haben sie einen Schuldschein unterzeichnet, den jeder Amerikaner erben sollte ... Heute ist offenkundig, dass Amerika den Schuldschein platzen ließ, sofern es seine Bürger dunkler Hautfarbe betrifft. Statt seine heilige Verpflichtung zu ehren, hat Amerika den Schwarzen einen schlechten Scheck gegeben, einen

Scheck, der mit dem Vermerk, er sei ungedeckt, zurück-
gekommen ist. Aber wir weigern uns zu glauben, dass
die Bank der Gerechtigkeit bankrott ist. Wir weigern uns
zu glauben, dass es in den Schatzkammern der großen
Chancen, die diese Nation bietet, unzureichende Goldvor-
räte gibt. Und so sind wir gekommen, den Scheck einzulösen ...« Vierzig Jahre später ist in jeder größeren amerikanischen Stadt mindestens eine Straße und eine Schule
nach Martin Luther King benannt. Ja, der Scheck wurde
eingelöst.

Die Vereinigten Staaten von Amerika gelten nicht nur
wegen ihrer militärischen und wirtschaftlichen Macht als
Führungsnation der westlichen Welt, obwohl diese beiden
Faktoren natürlich auch ihre Rolle spielen. Führend sind
sie vor allem wegen ihrer Vorbildfunktion: Die Vereinigten Staaten beweisen täglich neu, dass eine liberale, bürgerliche, kapitalistische Demokratie, an der alle Bürger
partizipieren können, von allen Möglichkeiten des Zu-
sammenlebens immer noch die zivilisierteste ist. Vorbild-
lich sind die Vereinigten Staaten auch in ihrer Bereitschaft
zur Selbstkritik. Kein Tag vergeht, an dem die Zeitungen
und Rundfunkstationen des Landes der Regierung nicht
ihre Inkompetenz unter die Nase reiben; wenn amerikanische Soldaten foltern oder ein Massaker anrichten, dann
eröffnet die Armee ein Verfahren gegen sie, und sie werden
verurteilt wie gewöhnliche Verbrecher. Es gibt wahrscheinlich nur noch eine Nation auf diesem Planeten, die
dermaßen rüde mit sich selbst ins Gericht geht: das kleine
belagerte Israel.

Außenpolitisch waren es die Vereinigten Staaten, die
den Nationalsozialismus und seinen japanischen Verbün-

deten besiegt haben und danach den kommunistischen Totalitarismus in die Knie zwangen. Es waren die Vereinigten Staaten, die nach dem Zweiten Weltkrieg Europa wirtschaftlich auf die Füße halfen und Japan in eine Demokratie verwandelten. Wieder ist der Einwand banal, dass es viele, viele Schattenseiten gab (Kriegsverbrechen, Blauäugigkeit, die Neigung, mit Diktatoren in Südamerika und Asien zu paktieren). Interessanter ist die erstaunliche Bereitschaft der Amerikaner, ihre Fehler laufend zu korrigieren. Derzeit sieht sich die Welt mit einer dritten Welle des Totalitarismus konfrontiert: Nach den Nazis und den Kommunisten gehen jetzt fanatische Muslime über Leichen. Sie wollen das Kalifat des siebten Jahrhunderts wieder errichten und erklären offen ihre Bereitschaft, jeden Juden, jeden Christen, jeden Hindu und jeden Gottlosen umzubringen und dabei andersgläubige Muslime nicht zu verschonen. Die Amerikaner erweisen sich auch gegenüber dieser dritten Welle des totalitären Terrors als Kavallerie, die ausreitet, um die Zivilisation zu retten.

Wer glaubt, dass der aufsteigende Stern am welthistorischen Horizont China heißt, kann offenbar keine Bevölkerungsstatistiken lesen. China wird vergreisen, bevor es wirtschaftlich reüssiert: Es hat eine niedrige Geburtenrate und leidet außerdem unter der schlechten Angewohnheit, weibliche Säuglinge abzutreiben. Die Vereinigten Staaten dagegen zählen 300 Millionen Einwohner und wachsen noch – und die Wirtschaft wächst munter mit. Let's face it, baby: Unser Jahrhundert wird noch stärker als das vorige ein amerikanisch geprägtes Säkulum sein.

CHINA WÄRE ALS FÜHRUNGSMACHT VIEL BESSER

Machen wir uns nichts vor: Der »amerikanische Moment« in der Weltgeschichte ist unrettbar vorüber. Das Scheitern der Amerikaner im Irak ist nur der Anfang vom Ende. Wie alle Weltreiche vor ihm geht das Imperium Americanum an Überheblichkeit und Überdehnung zugrunde: Die amerikanischen Streitkräfte sind nicht einmal mehr zu einer simplen kolonialen Polizeiaktion imstande – über kurz oder lang werden sie den Irak genauso ruhmlos räumen müssen wie seinerzeit Vietnam, und auch Afghanistan wird ihnen bald entgleiten. Die Amerikaner schauen hilflos zu, wie unter ihren Augen der Iran zur Atommacht aufsteigt. Sie können nichts dagegen tun, dass ihre ehemaligen Verbündeten in Europa sich offen gegen sie stellen. Gleichzeitig haben sie mit schweren eigenen Problemen zu kämpfen: Innerhalb der eigenen Grenzen treiben sich schätzungsweise zwölf Millionen illegale Einwanderer herum – das entspricht einer mittleren europäischen Nation! –, und jedes Jahr kommt eine halbe Million dazu. Der Reichtum Amerikas ist auf kapitalistischem Treibsand gebaut, denn die Mittelschicht wird immer schmaler, während das Heer der *working poor* wächst. In den Ghettos der Schwarzen und der Latinos vegetieren Kinder, die des Lesens und Schreibens unkundig sind.

Jeder Tom, Dick und Harry kommt problemlos an Revolver und Schießgewehre heran – kein Wunder, wenn die Kriminalitätsrate steigt. Wer glaubt, ein dermaßen zerrüttetes Land könne in unserem Jahrhundert noch Führungsmacht sein, der muss schon Dollarscheine auf den Augen haben.

Zum Glück bedeutet das nicht, dass der Erdball im Chaos versinkt. Schon zeichnet sich ab, dass China zur neuen Supermacht avanciert. Aus mindestens drei Gründen ist das auch gut so. Erstens handelt es sich beim Reich der Mitte nicht um eine junge Nation, sondern um eine alte Kultur, die nicht zu Experimenten neigt. China wurde nicht im achtzehnten Jahrhundert auf dem schlüpfrigen Boden der neumodischen Ideen aufgeklärter Intellektueller gegründet, sondern auf dem Fels einer Tradition, die Jahrtausende in die Vergangenheit ragt. Diese Tradition hat die Chinesen vor allem eines gelehrt: Mäßigung. Sie haben keinen missionarischen Zug. Nie würden sie ihre Soldaten um den halben Erdball schicken, um dort ihr politisches Credo zu verbreiten; wer selbst in einer alten Kultur verwurzelt ist, der hat auch Respekt vor anderen Kulturen. Eine Nation, die lieber ihre Flotte versenkt, als sie auf Entdeckungsreise zu schicken – wie das auf Anordnung eines besonders weisen chinesischen Kaisers geschah –, hat offenbar keine Lust auf außenpolitische Abenteuer.

Das Gegenargument hört auf den Namen Mao Tsetung. Allerdings muss man den Maoismus, bevor man ihn verdammt, erst einmal säuberlich entmythologisieren: Er war im Wesentlichen der (geglückte) Versuch einer Reichsgründung – die kommunistische Ideologie lieferte nur die Begleitmusik dazu. Was immer man Mao vorwerfen mag, ihm gelang immerhin, das Riesenland unter seiner Flagge zu einen und von fremden Einflüssen zu befreien. Das entschuldigt nicht die fantastischen Gräuel, vor allem in den bürgerkriegsähnlichen Wirren der Kulturrevolution. Aber nun, da das Reich der Mitte wieder auferstanden ist, scheint es müßig, über die entsetzlichen Begleitumstände zu streiten, unter denen es seine Renaissance erlebte. Die Wahrheit ist nämlich, dass der Kommunismus in China längst dezent, heimlich und leise beerdigt wurde. Die Kommunistische Partei Chinas interessiert sich für Geschäftsbilanzen, nicht für die Frühschriften und Alterstorheiten von Marx. Gerade die Exzesse der Vergangenheit sind eine Garantie, dass sie nicht wiederkehren werden; es gibt derzeit wohl keine politische Führung auf diesem Planeten, die weniger ideologisch wäre als die chinesische.

Dies bringt uns zum zweiten Punkt, warum eine chinesische Supermacht sich im einundzwanzigsten Jahrhundert als segensreich erweisen wird: Manchmal bleibt aus pragmatischen Gründen keine andere Wahl mehr, man muss hart militärisch zuschlagen – und in solchen Fällen werden die Chinesen nicht zögern und keine Skrupel haben. Sie werden sich an die Regeln halten, die Niccolò Machiavelli in »Der Fürst« über die notwendigen Grausamkeiten aufgestellt hat: Man verübe sie gleich zu Anfang; man verübe sie öffentlich; und man übertrage die Ausführung möglichst jemand anderem, den man anschließend dafür bestrafen kann. (Zu diesem Behufe ist es praktisch, Satellitenregimes zu unterstützen.) Anders als die westlichen Mächte werden die Chinesen sich nicht durch selbst auferlegte moralische Richtlinien behindern lassen, etwa das noble Prinzip, Zivilisten möglichst zu schonen. Sie werden keine Fernsehkameras in Krisengebieten dulden. Sie werden keiner Zeitung im Hinterland erlauben, die Methoden ihrer Kriegsführung zu kritisieren. Das beweisen sie schon heute bei der Bekämpfung der Uiguren, eines Turkvolkes im Nordwesten von China: Junge Männer, die den Aufstand probten, wurden massenhaft mit Flammenwerfern ums Leben gebracht. Heute herrscht Friedhofsruhe, Koranunterricht findet nur unter staatlicher Aufsicht statt und Imame müssen regelmäßig »Selbstkritik« üben. Sobald die chinesische Volksbefreiungsarmee sich der Probleme des Nahen Ostens annimmt, werden wir vom islamischen Fundamentalismus nicht mehr viel hören.

Der dritte Grund, warum der Aufstieg Chinas zur Führungsmacht wünschenswert erscheint, ist, dass er sich in Wahrheit längst vollzieht. Jeder kennt die hohlen russischen Holzfiguren, in denen Puppen verpuppt sind wie ein Geheimnis im anderen; betrachtet man heute die Weltpolitik, hat man häufig den Eindruck, dass man eine solche Holzfigur in der Hand hält. Und die innerste Puppe – das verborgenste Geheimnis – ist immer ein kleiner Chinese. Als etwa die Israelis 2006 in den Libanon einmarschierten, stellten sie verblüfft fest, dass die Hisbollah über panzerbrechende Waffen verfügte. Die hatte der Iran seiner Lieblingsterroristentruppe zur Verfügung gestellt, aber woher hatte nun wieder der Iran diese Waffen? Erraten. Ein anderes Beispiel: das Regime im Sudan. Es bekommt alles, was es zum Leben braucht, aus dem Reich der Mitte und versorgt die Chinesen im

Gegenzug mit Erdöl. Die iranischen Langstreckenraketen, vor denen Europa und Israel sich fürchten, stammen aus Nordkorea, und Nordkorea wäre nicht das, was es ist, wenn nicht China hinter ihm stünde. Die Grundidee des außenpolitischen Engagements st dabei stets dieselbe: China sorgt im Hintergrund für Stabilität. Es wirkt den Mächten des Chaos, des Abenteurertums und der Demokratie entgegen.

Warum also nicht gleich anerkennen, dass eine neue Phase der Geschichte begonnen hat? Alles spricht dafür, sich den mausgrauen Herren aus Peking zu unterwerfen, schließlich geht es der neuen Supermacht einzig und allein ums Geld. Niemand wird gezwungen, irgendwelche Glaubenssätze nachzubeten, man darf nur der Ordnung nicht in die Quere kommen Für den, der sich fügt, gibt es dabei allerhand zu holen: billige Kleidung, billige Computerspiele, billige Autos, billige Videorekorder. Schauen wir uns Schanghai an: Man lebt dort nicht schlecht. Alltag in der Diktatur kann sehr bequem sein, vor allem, wenn diese Diktatur auf einem soliden wirtschaftlichen Sockel steht. Vielleicht werden in den westlichen Großstädten sogar ein paar chinesische Restaurants eröffnen, die nicht nur die üblichen Glutamatgerichte auf der Speisekarte haben, sondern echtes, wunderbares Essen aus sämtlichen chinesischen Provinzen. Wer sich für die Zukunft rüsten will, der lerne schon jetzt, wie man mit Stäbchen hantiert.

ATOMKRAFT? NEIN DANKE

Seltsam, wie schnell die Menschen vergessen. Noch nicht einmal ein Vierteljahrhundert ist seit der Katastrophe von Tschernobyl vergangen – und schon setzen sich unbelehrbare Fortschrittsfreunde wieder für die sogenannte friedliche Nutzung der Kernenergie ein, als sei nichts gewesen. Nur zur Erinnerung: 1986 ereignete sich in der Ukraine ein schwerer Reaktorunfall, die nukleare Kettenreaktion wurde plötzlich unkontrollierbar. Hunderte verloren ihr Leben, als sie den Reaktorbrand löschten, das Gebiet rund um das Kraftwerk ist noch heute strahlenverseucht. In der Folge zog eine bedrohliche Wolke gen Westen, der Regen wusch radioaktive Spurenelemente in die Pilze im Wald und in das Gras, das Kühe andächtig fraßen. So wurde Milch zu einem Gesundheitsrisiko, wochenlang durften Kinder nicht draußen spielen: Angst lag wie ein unsichtbarer Nebel über Europa.

Sage nun keiner, Tschernobyl sei ein betrüblicher Einzelfall gewesen! Es hat schon so viele Beinahe-Katastrophen in Kernkraftwerken gegeben, denken wir nur an das amerikanische Harrisburg. Auch dort, wo es nicht zur Kernschmelze kam, sickerten schädliche Strahlen durch den Beton und ließen Tausende in der Umgebung qualvoll an verschiedenen Krebsarten sterben. Und sogar ohne Unfälle erweist die Atomenergie sich als höchst gefährlich. Erstens ist die Trennung zwischen ihrer »friedlichen Nutzung« und der militärischen Anwendung nur künstlich, wie der Streit um das Atomprogramm des Iran zeigt: Dieselben Zentrifugen, die man benötigt, um die Brennstäbe für Reaktoren herzustellen, dienen auch dazu, angereichertes Uran für Atombomben zu produzieren. Außerdem gibt es Reaktortypen, bei deren Betrieb Plutonium anfällt – eine Substanz, bei der man sich um die Radioaktivität gar keine Sorgen zu machen braucht, denn wenige Gramm Plutonium würden ausreichen, um eine Stadt zu vergiften. Man wagt kaum, sich auszumalen, was geschehen würde, wenn solches Teufelszeug irgendwelchen Terroristen in die Hände fiele.

Dies bringt uns zum zweiten Problem, dem Atommüll. Man kann Brennstäbe zwar ein paarmal aufbereiten, am Ende aber bleiben Restbestände zurück, die auf unabsehbare Zeit radioaktiv sein werden. Derzeit schweißt man das strahlende Metall ein, vergräbt es in alten Salzbergwerken und bildet sich ein, das Problem sei damit aus der Welt. Was aber, wenn die Erde bebt und den Müll wieder ausspuckt? Was, wenn irgendwelche Irren ihn in tausend Jahren ausbuddeln? In Wahrheit ist die Frage der »Endlagerung« so ungelöst wie unlösbar.

ATOMKRAFT? JA BITTE

Tschernobyl beweist nichts. Aus dem Reaktorunglück in der Ukraine lässt sich nur eine Lehre ziehen: Kommunisten sollten keine Atomkraftwerke bauen. Die Technologie des sowjetischen Reaktors war geradezu mittelalterlich, wenn man sie an westlichen Standards misst; und zur Katastrophe kam es überhaupt nur, weil die Betreiber – wahrscheinlich unter dem Einfluss von zu viel Wodka – ein gefährliches Experiment durchführten. Die Zahl der Opfer des Reaktorunglücks ist von den Anti-Atom-Aktivisten aus propagandistischen Gründen grotesk übertrieben worden. Im Wesentlichen starben jene, die sich zum Zeitpunkt der Katastrophe im Kraftwerk aufhielten, und jene, die den Reaktorbrand löschten. Nicht einmal eine extreme Steigerung der Krebsrate in der Ukraine ist nachweisbar. Für die kollektive Hysterie, die damals in Westeuropa um sich griff, kann man nicht die Atomtechnologie verantwortlich machen.

Von allen Methoden zur Erzeugung von Strom, die wir heute kennen, ist Stromerzeugung mittels Kernenergie die umweltfreundlichste. Die Landschaft wird dabei nicht mit Staudämmen oder großmächtigen Windrädern verschandelt. Man muss nicht Hektar um Hektar mit hässlichen Solaranlagen zupflastern. Keine Kohlekraftwerke verbrennen Heizmaterial, das erst aus der Erde geholt werden muss und dann als Rauch in die Luft geblasen wird. Es wird lediglich Wasser mithilfe von Uranbrennstäben erhitzt, Wasser, das niemals direkt mit Radioaktivität in Berührung kommt: Wer wollte, könnte ohne Gefahr für Leib und Leben darin herumplanschen. So gewinnt man Dampf, der Turbinen antreibt, das ist alles. Die Strahlenbelastung direkt neben einem Atomkraftwerk ist geringer als die Belastung durch natürliche Radioaktivität, der sich aussetzt, wer eine Wanderung in den Alpen unternimmt. Das Unfallrisiko in modernen Kernkraftwerken ist dank ausgeklügelter Sicherheitstechnologien dermaßen minimiert, dass es beinahe null beträgt. Das Problem, was man mit dem Atommüll anstellen soll, ist auf absehbare Zeit gelöst. In Zukunft wird man ihn vielleicht mit Raketen in den Weltraum schießen oder sich etwas noch Besseres einfallen lassen.

Geradezu komisch ist, dass auch solche Leute sich den »Atomkraft-nein-danke«-Slogan auf die Augen kleben lassen, die an die menschgemachte Klimaerwärmung glauben. Denn Atomkraftwerke sind die einzigen ständig leistungsfähigen Kraftwerke, die garantiert keine Treibhausgase ausstoßen. Wem das Weltklima am Herzen liegt, der muss in logischer Konsequenz für die Kernenergie eintreten.

DEMOGRAFIEDEBATTEN
SIND NOTWENDIG

Mit der Demografie ist nicht zu spaßen. Mit der Demografie kann man auch nicht diskutieren. Die Tatsachen der Bevölkerungsstatistik sind so unbarmherzig wie eindeutig. Es handelt sich hier nicht um Voraussagen, wie sie uns etwa die Zukunftsforscher liefern: also durch Beobachtungen und Zahlen unterfütterte Spekulationen. Die Demografie ist nicht spekulativ. Sie beschreibt, was längst geschieht, und ihre Prognosen werden mit mathematischer Wucht eintreffen.

Unbestreitbar ist dies: Große Teile der westlichen Welt befinden sich im demografischen Niedergang (die beiden

Ausnahmen sind Amerika und Israel). Dasselbe gilt für weite Teile Asiens: Niedrige Geburtenraten sorgen zusammen mit hoher Lebenserwartung für eine zunehmende Vergreisung der Gesellschaft. Indessen gilt dieser Befund nicht für den ganzen Globus. Im Nahen Osten etwa wäre es absurd, von einer Vergreisung zu sprechen: Dort liegt der Altersdurchschnitt irgendwo bei 15 oder 16, und auf allen Straßen und Plätzen treiben sich arbeitslose junge Männer herum, die in der Zukunft nichts als ein riesiges schwarzes Loch erblicken. Cum grano salis gilt dasselbe für Afrika. Nur gehören die jungen Männer in Afrika verschiedenen Stämmen an, das heißt, dass sie sich aus Frustration eher gegenseitig töten, als dass sie gemeinsam gegen einen äußeren Feind losgehen würden. Im Nahen Osten aber gibt es ein politisches Projekt, das die überschüssigen jungen Männer vereint – es heißt Islam. In seinem Namen laufen die Revolutionäre Sturm gegen ihre korrupten und unfähigen Regime, gegen die westliche Dekadenz und gegen die Juden, die angeblich an der Malaise schuld sind.

In Europa lebt mittlerweile eine bedeutende muslimische Minderheit. In manchen europäischen Städten ist die Minderheit längst im Begriff, zur Mehrheit zu werden. Und hier greift das unnachgiebige Gesetz, von dem schon die Rede war: Wenn eine Gesellschaft erst einmal angefangen hat zu sterben, ist dieser Trend kaum noch aufzuhalten, geschweige denn umzukehren. Jedes Kind, das heute nicht geboren wird, steht ja in der nächsten Generation nicht als Elternteil zur Verfügung – der Trend multipliziert sich somit gnadenlos. Beherbergt eine sterbende Gesellschaft in ihrer Mitte aber lauter Muslime, die munter demografisch expandieren, dann kann man mithilfe eines Taschenrechners prophezeien, zu welchem Datum in manchen Regionen Europas die Scharia, das islamische Rechtssystem, eingeführt wird. Es dürfte so um das Jahr 2030 sein.

Wohlgemerkt: Es geht hier nicht um Hautfarbe, es geht um Kultur. Würden in Europa lauter Südamerikaner oder Hindus aus Indien einwandern, gäbe es kein Problem. Es kommen aber vor allem Muslime, und der Islam ist von Anfang an eine imperiale Religion gewesen. Seine Anhänger wären schlicht pflichtvergessen und dumm obendrein, wenn sie ihren demografischen Vorsprung nicht ausnutzen würden. Freilich heißt das noch nicht, dass die Welt untergeht. Nur von Europa wird, wenn unser Jahrhundert vorbei ist, nichts Nennenswertes mehr übrig sein.

DEMOGRAFIEDEBATTEN
SIND RASSISTISCH

Es ist noch gar nicht sehr lange her, da warnten uns Wissenschaftler mit sorgenzerfurchten Mienen vor der Überbevölkerung, die unseren schönen blauen Planeten ersticken lassen werde. Heute orgeln die Wissenschaftler genauso apokalyptisch und warnen uns vor dem Gegenteil. Könnte es sein, dass die Aufregung noch immer so übertrieben ist, wie sie es damals schon war? Wenn in den entwickelten Ländern weniger Kinder geboren werden und die Menschen länger leben, ist das ja zunächst einmal nur eines: ein Zeichen von Fortschritt.

Niedrige Geburtenquoten bedeuten, dass Frauen keine Gebärmaschinen mehr sind – dass sie bei der Familienplanung ein deutliches Wort mitzureden haben. Und eine hohe Lebenserwartung ist vor allem Indiz für eine exzellente medizinische Versorgung. Sollten wir beides nicht feiern, statt es zu betrauern?

In Wahrheit treibt Hobbydemografen nur eine Sorge um: Sie fürchten, dass die Zahl der Menschen mit weißer Hautfarbe aufs Große und Ganze gesehen kontinuierlich abnimmt. Dies kann aber eigentlich nur ein Rassist tragisch finden. Was ist schon dabei, wenn künftig immer mehr dunkel getönte Babys geboren werden? Wer wollte protestieren, wenn es sich bei jedem dritten neuen Erdenbürger um einen Inder oder Afrikaner handelt? Warum ist es schlimm, wenn Spanisch in den Vereinigten Staaten von Amerika bald als Amtssprache eingeführt wird? Irgendwann heißt der amerikanische Präsident dann eben Sanchez oder Davila. So what?

Die islamische Gefahr, die im Zusammenhang mit der Demografie gern beschworen wird, ist schon deshalb ein Witz, weil es den Islam in der Einzahl gar nicht gibt. Der Islam zerfällt in eine Vielzahl von Gruppen und Untergruppen – Sunniten, Schiiten, Ismailiten, Alawiten etc. –, die einander überhaupt nicht leiden können. Auch die regionalen und nationalen Unterschiede sind beträchtlich: Türken wollen nichts mit Arabern zu schaffen haben, beide nichts mit Kurden usw. Doch das ist nicht der einzige Grund, warum es hysterisch wäre, die islamische Unterwanderung Europas an die Wand zu malen: Wer so redet, hat offenbar nicht das kleinste bisschen Vertrauen in die liberalen Institutionen. Er glaubt nicht an die Anziehungskraft von Freiheit und Demokratie. Es mag ja sein, dass eines Tages die Mehrheit der Einwohner Europas von muslimischen Eltern abstammen wird – obwohl Experten solche Schätzungen eher für weltfremd halten –, aber wo steht denn geschrieben, dass diese künftigen Europäer den islamischen Gottesstaat dem demokratischen »laissez-faire« vorziehen werden? Gewiss, im Augenblick machen viele junge Muslime in Europa eine Phase der Radikalisierung durch, aber niemand kann voraussagen, wie lang dieser Trend anhalten wird. Er kann über Nacht kippen. Die Demografie hat uns nichts weiter anzubieten als nackte Zahlen; sie verrät nicht, was sich hinter den Zahlen verbirgt. Vielleicht wird eines Tages ein deutscher Verfassungsrichter Muhammad ben Dschihad heißen. Na und? Gerade dieser Mann könnte sich als Stütze der liberalen Ordnung erweisen.

FEMINISTINNEN SIND DOOF

Der Feminismus hätte das Zeug dazu gehabt, die brutalste, am konsequentesten totalitäre Ideologie des zwanzigsten Jahrhunderts zu werden. Man bedenke die Geschichtslegende, an die eigentlich alle Feministinnen glaubten: Nach diesem Mythos hatte es in grauer Vorzeit eine friedliche, ja idyllische Epoche gegeben, in der noch die Mütter herrschten. Dann aber hätten die Männer die Macht an sich gerissen, und seither sei die Geschichte ein einziger blutiger Albtraum – Kriege, Vergewaltigungen, Massaker. Der Monotheismus habe mit der Schärfe des Schwertes versucht, jede Erinnerung an die sanften weiblichen Urreligionen zu tilgen. Während der Hexenverbrennungen seien Abermillionen von sogenannten weisen Frauen umgekommen. Bei der katholischen Kirche handle es sich um ein patriarchales Verbrechersyndikat. Sogar die Medizin wurde von manchen Feministinnen verdächtigt, sie wolle sich im Grunde nur des weiblichen Körpers bemächtigen. Kunst und Kommerz, so hieß es, erniedrigten die Frauen planmäßig zum Sexobjekt. Kurz, die kollektive holde Weiblichkeit wurde zu so etwas wie dem Ewigen Juden der Weltgeschichte umgedeutet. Den Männern aber war in diesem fatalen Stück die Rolle der SS zugedacht: Peitschenknallend wollten sie die totale Unterwerfung, wenn sie nicht gar die komplette Ausrottung im Sinn hatten. All dies ging mit einer radikalen Abwertung der Vernunft einher, die angeblich nichts als ein ideeller Ausdruck des patriarchalischen Herrschaftssystems war. Statt der »phallozentrischen Logik« warf man sich lieber der Mystik in die Arme, menstruierte gemeinsam bei Mondschein und entzündete Räucherstäbchen.

Was wäre die Konsequenz aus diesem wahnhaften Geschichtsbild gewesen? Was hätte daraus folgen müssen, wenn Männer als Geschlecht der Unterdrücker durch die Jahrtausende tatsächlich lauter Massenmorde am weiblichen Teil der Bevölkerung verübt hätten? Ganz einfach: Die Feministinnen hätten allem, was da ein männliches Geschlechtsteil zwischen den Beinen trägt, den Krieg erklären müssen. Und sie wären dabei immer und von vornherein die Guten gewesen, einfach nur deshalb, weil sie Frauen waren. Keine Maßnahme hätten sie vor sich selbst zu rechtfertigen brauchen. Und da sie beschlossen hatten, der Vernunft zu entsagen, wäre dieser Krieg total geworden: Vor der Schlacht Verlustrechnungen aufzustellen ist ja so furchtbar männlich. Zum Glück hat diesen logischen Schluss nur die Amerikanerin Valerie Solanas gezogen. Sie gründete die »Society for Cutting Up Men« (»Gesellschaft zum Aufschlitzen von Männern«), kurz »Scum« (»Abschaum«) genannt, deren einziges Mitglied sie war. und verübte einen Mordanschlag ausgerechnet auf den effeminierten Popkünstler Andy Warhol. Von Frau Solanas abgesehen, war die feministische Bewegung ausgesprochen inkonsequent: Das ist vielleicht noch das Beste, was sich über sie sagen lässt. Sie sprang als totalitäre Tigerin los und landete als braves Hausmütterchen.

In der Praxis erschöpfte sich der Feminismus darin, dass seine Anhängerinnen – er hatte aber auch Anhänger! – versuchten, der Gesellschaft dämliche Sprachregelungen aufzudrücken. Da man das grammatische mit dem natürlichen Geschlecht verwechselte, sollte fortan nicht mehr »man«, sondern »man/frau« geschrieben werden (oder »mensch«), und ähnliche Kindereien mehr. Schlimmer war die extreme Lustfeindlichkeit der Feministinnen. Sie zeigte sich etwa in der groß aufgezogenen Antipornografiekampagne, bei der die Feministinnen ihren Mitmenschen ein Vergnügen madig machen wollten, dem diese frönen, seit sie gelernt haben, Geschlechtsteile an Höhlenwände zu malen. Irgendwelche harmlosen Sexfilmchen wurden also als »frauenfeindlich« entlarvt; Rollkommandos stürmten Schmuddelkinos und besprühten Leinwände zum Entsetzen der dort versammelten Penner mit Farbe. Bei der Produktion solcher Filmkunstwerke, so hieß es, würden die Frauen ausgebeutet. (In Wahrheit werden Frauen für ihre Darstellerkünste in Streifen wie »Unterm Dirndl wird gejodelt« erheblich besser bezahlt als ihre männlichen Kollegen.) Es ging bei all dem freilich nie nur um Pornofilme. Es ging um den guten alten Sex an sich: Erlaubt war er eigentlich nur in einer einzigen Variante, der lesbischen – das meiste andere galt als »penetrierend«, darum irgendwie entwürdigend und verboten. Am besten stellt man sich den personifizierten Feminismus als Mutti vor, die einen kariert-geblümten Kittel anhat, wie ihn einst Hausfrauen trugen. Ihren gehorsamen Töchtern gibt diese Mutti zwei goldene Lektionen mit auf den Lebensweg: »Männer sind Schweine« und »Die Kerle wollen doch alle nur das Eine«.

Hat der Feminismus etwas gebracht? Zum einen hat er Frauen das Recht erkämpft, sich genauso dumm und rüpelhaft zu benehmen wie die Männer. Zum anderen – und quasi zum Ausgleich – hat er den Männern die Manieren abgewöhnt: Kaum einer traut sich heute noch, einer Frau die Tür aufzuhalten oder ihr gar Komplimente zu machen. Wer mag, kann das für einen Fortschritt halten.

DER FEMINISMUS, ER LEBE DREIMAL HOCH

Es ist wohlfeil, dem Feminismus seine geschichtlichen Mythen vorzuhalten: Schließlich ist bisher noch keine bedeutende soziale Bewegung ohne solche Mythen ausgekommen, ob sie nun die Arbeiter, das Bürgertum oder irgendwelche unterdrückten Minderheiten emanzipieren wollte. Der Vollständigkeit halber sei festgehalten: Natürlich ist ein Matriarchat historisch nicht nachweisbar, und selbstverständlich waren den Göttinnen der Bronzezeit keine sanften Kulte gewidmet, sondern sie soffen das Blut der Menschenopfer, und zweifellos wurde die Dimension der Hexenverfolgung von den Feministinnen grotesk übertrieben. Gewiss war die Weltgeschichte nicht ein einziger Genozid, der am weiblichen Geschlecht begangen wurde, und ohne Zweifel sind Frauen nicht aus biologischen Gründen die besseren Menschen. Geschenkt! Wer allzu lange auf diesen offenkundigen Tatsachen herumreitet, will vom Eigentlichen ablenken: Der Feminismus richtete sich gegen einen echten Missstand. Jahrhundertelang wurden Frauen fundamentale Menschenrechte vorenthalten. Ihre Unterschrift unter Verträgen galt nichts, und sie hatten oft kein oder nur ein eingeschränktes Erbrecht. In den Demokratien des Westens hat es bis weit ins zwanzigste Jahrhundert gedauert, bevor Frauen in die Wahlkabine treten und ihr Kreuzchen malen durften – und ohne den tapferen Kampf der Sufragetten wäre es wohl ewig bei der Männerherrschaft geblieben. Noch heute sind Frauen in Parlamenten und den Führungsetagen großer Konzerne deutlich unterrepräsentiert.

Es gibt zwei Möglichkeiten, den Feminismus zu verstehen: Er kann entweder eine zivilisationskritische Bewegung sein, die alles Bestehende über den Haufen werfen und an seiner Stelle etwas ganz anderes errichten möchte. In diesem Fall handelt es sich um eine verrückte apokalyptische Utopie. Der Feminismus kann aber auch eine Bewegung sein, die – analog dem Civil Rights Movement in Amerika – nüchtern dafür eintritt, dass Frauen dieselben Rechte und Pflichten haben wie die Männer. Dann handelt es sich um etwas, das jeder anständige Mensch (unabhängig vom Geschlecht) unterstützen sollte. Dass der Feminismus am Anfang ideologisch über das Ziel hinausgeschossen ist, war einfach unvermeidlich. Heute aber ernten wir die Früchte der verkniffenen Latzhosen- und Debattenzeit. Es war nicht immer selbstverständlich, dass Frauen selbst darüber bestimmen, wo sie arbeiten, was sie anziehen, mit wem sie schlafen möchten. Noch eine Jane Austen (1775 bis 1817) bezahlte ihre Autonomie als Schriftstellerin mit eisiger sexueller Einsamkeit, und das ein Leben lang.

Wer nun glaubt, der Feminismus sei eine Bewegung, die ihr Ziel erreicht und sich damit verbraucht hat, der schaut offenbar nicht über den Tellerrand der westlichen Gesellschaften hinaus. Gleich nebenan liegen aber die vom Islam geprägten Länder. Was dort gebraucht wird, und zwar dringend und so bald wie möglich, ist eine feministische Revolution. Dabei geht es um elementare Dinge: das Recht, ohne männliche Begleitung und unverschleiert aus dem Haus zu gehen; den Schutz der Schwester vor dem älteren

Bruder, wenn er den Verdacht hegt, sie könnte keine Jungfrau mehr sein; die Möglichkeit, in Saudi-Arabien einen Führerschein zu machen; das Recht, einen Minirock zu tragen; die Abschaffung der Steinigung für wirkliche oder vermeintliche Ehebrecherinnen im Iran. Frauenrechte sind die conditio sine qua non, ohne die wir den Nahen Osten gleich abschreiben können – er wird sich nie demokratisieren, nie rechtsstaatliche Normen kennenlernen, sich nie von Armut und Fanatismus befreien. Allerdings ist die Unterdrückung von Frauen nicht nur in islamisch geprägten Ländern ein zentrales Problem. In der Volksrepublik China werden mit Vorliebe weibliche Föten abgetrieben, auf dem indischen Subkontinent wird eine grässlich hohe Zahl von weiblichen Säuglingen gemeldet, die jedes Jahr einfach verschwinden. Der Brauch, weibliche Genitalien zu verstümmeln – man spricht euphemistisch von »Klitorisbeschneidungen« – wird in Afrika (aber nicht nur dort) munter weiter gepflegt. Im Grunde müsste sich jede zweite UNO-Resolution mit diesem Thema beschäftigen, und es wäre nicht verkehrt, wenn deswegen mit militärischen Interventionen von Fall zu Fall wenigstens gedroht würde.

Es könnte sein, dass die große Zeit des Feminismus überhaupt erst jetzt gekommen ist. Er hat seine ideologischen Eierschalen abgeworfen und ist kein linksradikales Küken mehr. Es geht ja längst nicht mehr nur um Fragen der Moral oder gar nur des Lebensstils. Es geht um die wichtigsten Herausforderungen des einundzwanzigsten Jahrhunderts. Auf Frauen, die Flugzeuge fliegen, Computerprogramme schreiben, Armeen befehligen und Händies entwickeln, kann in keinem Fall verzichtet werden. Vertrocknete Machos, die glauben, wir könnten uns in einer global vernetzten Epoche vom kreativen Potenzial einer Hälfte der Menschheit – der weiblichen – abschneiden, mögen noch so realpolitisch daherreden: In Wirklichkeit sind sie reaktionäre Nostalgiker.

FOLTER IST MANCHMAL
LEIDER NOTWENDIG

In jedem Hollywoodfilm finden wir es völlig in Ordnung, wenn der Cop auf der Suche nach dem Erzbösewicht einen von dessen Untergebenen verprügelt, bis der zusammen mit ein paar Zähnen auch die Wahrheit ausspuckt. Im wirklichen Leben aber sollen wir auf solche Methoden mit Abscheu reagieren. Warum eigentlich? Wir müssen gar nicht das berühmte Szenario mit der tickenden Bombe bemühen, um zu begreifen, dass die Frage nach der Folter moralisch komplexer ist, als sie auf den ersten Blick scheinen mag. Schließlich gibt es dort draußen nicht nur Terroristen, die ganze Städte hochgehen lassen wollen und die wir vielleicht nur dann dazu bringen, ihre Pläne zu verraten, wenn wir sie verschärft in den Schwitzkasten nehmen. Es genügt der bekannte Fall des Kindesentführers, der sich weigerte zu sagen, wo er sein Opfer versteckt hatte – ein Kriminalpolizist drohte ihm daraufhin Gewalt an. Dass das Kind damals längst tot war, konnte der Polizist nicht wissen. Hinterher erstattete er Selbstanzeige. War er nicht eher ein Held als der Schurke in dieser Tragödie, die das Leben schrieb? Oder konstruieren wir einen Fall:

Durch verdeckte Ermittlungen haben wir ein Komplott aufgedeckt, das zum Ziel hat, den Staatspräsidenten zu ermorden. Nur eines fehlt uns noch – die Identität des Serienkillers und Informationen über die Zeit und den Ort der geplanten Untat. Warum haben wir nicht das Recht, diese Details aus den Verschwörern herauszupressen? Und was ist das für eine merkwürdige Moral, die Übeltätern jeden Schutz gewährt, ihren Opfern aber keinen?

Noch eine weitere Frage sei erlaubt: Was ist eigentlich Folter? Dass wir einen Menschen schwer misshandeln, dem wir mit einer Zange die Fingernägel herausziehen, steht außer Frage. Aber dürfen wir ihm eine Kapuze über den Kopf ziehen und ihm aus dem Nebenraum vom Tonband sehr authentisch klingende Schmerzensschreie vorspielen? Dürfen wir ihn nachts mit »Abba«-Liedern quälen? Hier eine weitere Geschichte aus dem wirklichen Leben: Ein Mitarbeiter des israelischen Inlandsgeheimdienstes hatte einen palästinensischen Terroristen zu verhören. Er krümmte ihm kein Haar, sondern sagte ihm nur folgendes: »Du hast die Wahl – entweder du kooperierst mit uns oder nicht. Sollte deine Antwort negativ ausfallen, lasse ich dich auf der Stelle frei. Und ich werde überall verbreiten, du habest hervorragend mit uns zusammengearbeitet.« Das wäre natürlich ein Todesurteil gewesen – die Gesinnungskumpanen des Terroristen hätten ihn in kleine Stücke geschnitten. Also sang er wie ein sittsamer Vogel. War das ein Fall von Folter? Und wie steht es mit »good cop/bad cop«-Routinen, bei denen der eine Verhörer den väterlich-verständnisvollen Typen gibt, während der andere zähnefletschend mit dem Ruf ›Haltet mich zurück, sonst bringe ich ihn um« in die Zelle stürzt?

Selbstverständlich ist die Alternative immer vorzuziehen. Auch durch stundenlange, geduldige Verhöre kann man die Wahrheit herausfinden, zumal die meisten Verbrecher insgeheim darauf brennen, ihr schmutziges Herz auszuschütten. Aber es gibt Notsituationen, wo die Zeit drängt und es darum geht, Unschuldige zu retten. Dann müssen auch letzte, verzweifelte Mittel erlaubt sein.

FOLTER IST IMMER FALSCH

CONTRA

Um deutlich zu machen, warum Folter immer, also unter allen denkbaren Umständen, ein Verbrechen wäre, sollten wir zunächst das Szenario der tickenden Bombe analysieren: Bei diesem Szenario wird vorausgesetzt, das körperliche Wohlbefinden eines Einzelnen – des Terroristen, sagen wir, der eine Wasserstoffbombe unter dem Reichstag versteckt hat – sei weniger wichtig als das Überleben der Vielen, die er bedroht. Also hätten wir das moralische Recht, ihn zu foltern. Wenn das aber so ist, wo verläuft dann die Grenze? Angenommen, der Terrorist weigert sich, den Entschärfungscode der Bombe auszuplaudern, auch wenn wir ihm Elektroden an die Hoden setzen. Dürfen wir dann vor seinen Augen seine Ehefrau vergewaltigen, um ihn zum Reden zu bringen? Dürfen wir seine Kinder foltern? Wir starten mit einer scheinbar einleuchtenden Prämisse (»Das Wohlbefinden eines einzelnen Menschen ist weniger wert als das Leben von vielen Menschen«) und landen im moralischen Abgrund.

Ferner wäre da noch die kleine Frage zu klären, wer die Folter ausführen soll. Andere Leute zu quälen ist schließlich nicht jedermanns Sache, in der Regel überlässt man die »nasse Arbeit« darum Spezialisten. So entsteht zwangsläufig eine ghulische Kaste von Berufssadisten, die untereinander die kleinen, feinen Geheimnisse ihres Handwerks austauschen. Besonders pervers wird dies, wenn eine demokratische Gesellschaft auf die schiefe Bahn der Folter gerät (Frankreich im Algerienkrieg, die USA im Krieg gegen den Terror). Dann tragen Folterknechte die Hoheitszeichen eines liberalen Verfassungsstaates: Sie misshandeln im Namen der Menschenrechte und der Demokratie. Ob ihre Opfer das als Gnade empfinden?

Das beste Argument gegen die Folter ist indes, dass sie nicht unbedingt zur Wahrheitsfindung beiträgt. Wenn je eine Institution auf diesem Planeten existierte, die etwas vom Foltern verstand, so war es die spanische Inquisition; und die Inquisition war wirklich daran interessiert, Fakten zu ermitteln. Man darf die Inquisition nicht mit den Hexenprozessen verwechseln (überall dort, wo die Inquisition stark war, fanden keine Hexenprozesse statt, die im Übrigen keine Erfindung des Mittelalters, sondern eine Spezialität der Neuzeit waren). Es ging den Kardinälen der römischen Kirche nicht um erfundene, fantastische Vorwürfe – sie waren an echten Häresien interessiert. Die Inquisition hat in einem späteren historischen Stadium gänzlich auf die Folter verzichtet. Warum? Es stellte sich heraus, dass die Menschen aus Angst vor Schmerzen bereit waren, alles zu gestehen. Aussagen, die auf diese Weise erlangt wurden, erwiesen sich als wertlos: Ketzer, die verhört wurden, schrien nicht lauter als gute Katholiken. Die körperliche Qual war ein stumpfes Instrument; Richtiges konnte durch sie nicht von Falschem unterschieden werden. Wer all dies für Schönwetterphilosophie hält, die für kritische Zeiten nicht gilt, möge sich vor Augen führen: Israels Oberster Gerichtshof hat die Anwendung der Folter ohne Wenn und Aber verboten. Er verfügte dies Verbot, kurz nachdem neue Feindseligkeiten mit den Palästinensern ausgebrochen waren. Diese Gesetzgebung könnte für andere Staaten ein Vorbild sein.

PRO

DER MENSCHGEMACHTE TREIBHAUSEFFEKT: EINE WISSENSCHAFTLICH NACHGEWIESENE TATSACHE

Unbestreitbar und unbestritten ist, dass es einen natürlichen Treibhauseffekt gibt. Dieser kommt vor allem durch Wasserdampf (Wolken) zustande und sorgt dafür, dass es auf unserem blauen Planeten durchschnittlich nicht minus 18 Grad kalt, sondern mit plus 15 Grad Celsius relativ gemütlich warm ist. Fatalerweise kann der Mensch diesen natürlichen Treibhauseffekt nun aus dem Gleichgewicht bringen und verstärken, indem er Kohlendioxid in das große globale System einspeist. Die Mehrheit der Klimawissenschaftler geht heute leider davon aus, dass dieser Prozess längst in vollem Gang ist – durch Emissionen aus

Kohlekraftwerken und Industrieanlagen, durch Abgase aus mehr und immer mehr Autos, die unsere Umwelt verpesten, und nicht zuletzt auch durch die Brandrodung von Urwäldern (die nebenbei an einem massiven Artensterben die Schuld trägt). Man muss sich diesen Prozess als positive Rückkoppelung vorstellen, bei der ein vergleichsweise geringer Anstoß für eine enorme Wirkung verantwortlich ist. Am Anfang sorgt das Kohlendioxid dafür, dass es ein bisschen wärmer wird. Sobald die Erde sich erwärmt, verdunstet aber auch mehr Wasser. Dadurch schnellt die Temperatur dann weiter in die Höhe – und so dramatisch immer fort. Wenn nichts gegen das Übel unternommen wird!

Nach Hochrechnungen der meisten Wissenschaftler wird die Erdoberfläche, wenn wir die Emissionen von Kohlendioxid nicht drastisch einschränken, während der nächsten Jahre im Durchschnitt um 1,4 bis 6,6 Grad Celsius wärmer werden. Das mag nicht nach viel klingen, aber die Auswirkungen könnten gravierend sein. Denn wir reden hier ja, wie gesagt, von Durchschnittswerten – örtlich unterscheiden sich die Temperaturkurven gewaltig. Am Äquator ist vom Treibhauseffekt nichts zu spüren, weil es ohnehin schon heiß und feucht ist, aber dort, wo trockene Kälte herrscht – in Sibirien und Kanada etwa – ändert sich das Klima merklich. In Grönland sind jährlich schon zwischen fünfzig und hundert Gigatonnen Eis geschmolzen. Die Satellitenfotos von der Arktis, die unaufhaltsam aufzutauen scheint, hat jeder in der Zeitung gesehen. Die Extremwetterlagen haben zugenommen, und sie werden künftig noch weiter zunehmen. Das bedeutet: mehr Orkane, mehr Überschwemmungen, mehr Sturmfluten – die Versicherungen melden schon jetzt steigende Schäden. Dort, wo reichlich Niederschläge fallen, wird es Dürre geben – und Regen, wo bisher Dürre war. Und der Meeresspiegel steigt an: Die Experten schätzen, dass er in hundert Jahren zwanzig bis sechzig Zentimeter höher sein wird als heute. Für arme Länder wie Bangladesch, die an der Küste liegen, kann das die Katastrophe bedeuten. Eine weitere Folge des menschgemachten Treibhauseffekts ist, dass wahrscheinlich verschiedene Tierarten verschwinden werden. Unser Planet wird also nicht nur wärmer, er wird auch deutlich ärmer sein.

Unglaublicherweise gibt es nun Leute, die den menschgemachten Treibhauseffekt nicht wahrhaben wollen. Die meisten von ihnen sind harmlose Spinner, die man nicht weiter beachten sollte, aber manche werden für ihre Propaganda von der Industrie bezahlt – und da hört der Spaß auf. Insofern wäre zu überlegen, ob man gegen Klimakatastrophenleugner nicht ebenso vorgehen sollte wie gegen Leugner des Holocaust: Wäre es nicht an der Zeit, ihnen allen für ihr Treiben empfindliche Gefängnisstrafen anzudrohen?

CONTRA

DER MENSCHGEMACHTE TREIBHAUS-EFFEKT: EIN AUSGEWIESENER BLÖDSINN

Halten wir zunächst einmal den Ist-Zustand fest: In den vergangenen dreißig Jahren hat sich das globale Klima im Durchschnitt um 0,2 Grad Celsius pro Jahrzehnt erwärmt. Diese Erwärmung ist konstant, sie beschleunigt sich kein bisschen. Wenn es im selben Tempo weiter-geht, wird unser Planet in hundert Jahren also um zwei Grad wärmer sein. Halten wir ferner fest, dass die Wir-kung von Kohlendioxid (wenn wir für den Moment die These akzeptieren, dieses Gas trage für die geringe glo-bale Erwärmung die Verantwortung) logarithmisch ist. Das heißt: Wenn wir das Weltklima um ein Grad erwär-men wollen, müssen wir die Menge an Kohlendioxid verdoppeln – für zwei Grad müssen wir sie schon ver-vierfachen und so weiter. Anders ausgedrückt: Die Wir-kung des Kohlendioxids strebt einer natürlichen Sätti-gung entgegen. Wer das für dramatisch halten will, möge es bitte gern tun. Allerdings liefern die Satelliten der NASA im Orbit keinen Vorwand für solche Hysterie: Sie messen beharrlich eine geringe bis gar keine Erd-erwärmung.

Stellen wir noch etwas anderes klar. Die Hypothese, dass der Mensch für die (äußerst geringe) globale Er-wärmung der vergangenen Jahrzehnte die Verantwor-tung trägt, kann auf direktem Weg nicht bewiesen wer-den. Es ist wie im Krimi: Verschiedene Indizien deuten in die Richtung des Homo sapiens sapiens, und er kann kein Alibi vorweisen, aber das heißt noch lange nicht, dass wirklich er der gesuchte Täter ist. Es gibt Fakten, die der Hypothese vom menschgemachten Treibhaus-effekt (und es ist ja nur eine Hypothese, keine wasser-dichte Theorie) diametral widersprechen. Warum etwa wird es am Südpol immer kälter, während der Nordpol sich erwärmt? Erklären kann dies eine Hypothese des is-raelischen Wissenschaftlers Nir Shaviv: Er geht davon aus, dass die Wolkenbildung auf der Erde durch kosmische Strahlung beeinflusst wird, die entsteht, wenn in fernen Galaxien Sterne explodieren. In den vergangenen Jahrzehnten war diese Strahlung deutlich schwächer, weil sie magnetisch abgelenkt wurde; dadurch bildeten sich weniger tief liegende Wolken, und dies führte zu einer geringfügigen globalen Erwärmung. (Man muss dazu sagen, dass die Wolkenbildung von der Klimaforschung noch nicht besonders gut verstanden wird.) Das stärkste Argument gegen die These, dass der Mensch – und nur er allein – an der Klimaveränderung der vergangenen Jahrzehnte schuld sei, liefert indessen die Klimageschichte. Das Weltklima befindet sich keineswegs im Gleichgewicht. Es war schon immer dramatischen Schwankungen unterworfen. Vor 10 000 Jahren badeten Nilpferde im Rhein. Im Mittelalter gab es auf der ganzen Erde – und nicht nur in Europa, wie bisher immer behauptet wurde; das haben neuere Forschungen zweifelsfrei nachgewiesen – ein sogenanntes Klimaoptimum. Damals war es dermaßen warm, dass man in Schottland Wein anbauen konnte. In der Römerzeit dürften die Alpen grün gewesen sein; als Hannibal sie mit seinen Elefanten überquerte, lagen dort oben wahrscheinlich keine Gletscher.

Letztlich ist die These vom menschgemachten Treibhauseffekt ein Ausdruck von Hybris. Sie unterstellt, dass wir Sterblichen mit unseren winzigen Händen den globalen Thermostat regulieren, dass wir einen Einfluss auf etwas so Großes und Gewaltiges wie das Klima hätten. Was für eine skurrile Selbstüberschätzung!

ISRAEL MÜSSTE NACH DEUTSCHLAND VERLEGT WERDEN

Kein Zweifel: Die Deutschen, niemand sonst, tragen die Verantwortung für den Genozid am jüdischen Volk. Zwar haben hochrangige palästinensische Araber mit den Nazis kollaboriert (der Großmufti von Jerusalem hielt sich nach 1941 sogar im Großdeutschen Reich auf, besuchte Auschwitz, stellte in Bosnien muslimische SS-Divisionen zusammen und sorgte durch persönliche Intervention dafür, dass 100 000 Juden mehr als vorgesehen in die Gaskammern mussten). Aber es waren nun einmal Deutsche, nicht Araber, die in Massen ihrem heiß geliebten »Führer« zujubelten. Es waren deutsche Lateinlehrer und Frisöre, nicht Araber, die schwarze Uniformen anzogen und jüdische Kinder in Gruben hinunterschossen. Und es waren Deutsche, die nach dem Krieg behaupteten, sie hätten von alledem nichts gewusst.

Insofern ist es eine historische Ungerechtigkeit, dass 1948 Araber und nicht Deutsche für den Staat Israel Platz machen mussten. Ungefähr 700 000 der arabischen Einwohner von Palästina flüchteten damals aus dem jüdischen Teil des britischen Mandatsgebiets. Manche wurden von israelischen Soldaten aus ihren Dörfern vertrieben, manche liefen Hals über Kopf vor den Kriegswirren davon, als mehrere arabische Armeen in Palästina einfielen – übrigens mit dem erklärten Kriegsziel, jeden Einzelnen der

660 000 dort lebenden Juden zu töten. Ginge es in der Geschichte nach den Regeln der Fairness zu, hätte es freilich gar nicht erst zu diesem Krieg kommen dürfen. Nicht im Nahen Osten, sondern im Herzen Europas wäre der souveräne Nationalstaat der Juden entstanden. Und nach dem Verursacherprinzip wäre es selbstverständlich Sache der Rechtsnachfolger des Nazireiches gewesen, zu diesem Zweck Gelände freizuräumen – sei es in Bayern, in Schleswig-Holstein oder irgendwo dazwischen. (Der Staat Israel hat ziemlich genauso viel Fläche wie das Bundesland Hessen.) Zum Glück ist es nicht zu spät, diesen historischen Fehler nachträglich zu korrigieren. Schließlich leidet Deutschland unter einem »demografischen Problem«, das heißt, es werden zu wenige Kinder geboren, und die Alten weigern sich leider, beizeiten den Löffel abzugeben. Riesige Gebiete vor allem in der ehemaligen DDR sind jetzt schon dramatisch unterbevölkert, und dieser Trend wird sich in Zukunft noch verschärfen. Wäre das Terrain, das auf diese Weise frei wird, nicht der ideale Ort, um den Staat der Juden neu zu gründen?

Die Deutschen müssten sich dann allerdings daran gewöhnen, neben einem Land zu leben, dessen Bewohner kaum zu dem Bild passen, das man sich seit dem Ende des Zweiten Weltkriegs von Juden zu machen pflegte. Die Deutschen bekämen es also nicht mit Söhnen der Weisheit und des Leidens zu tun, sondern mit Leuten, die laut, fröhlich und oft genug auch unverschämt ihre Interessen durchsetzen. Schrumpfgermanien hätte plötzlich einen bis an die Zähne bewaffneten Nachbarstaat, dessen Politiker aus der Geschichte die Lehre gezogen haben, dass man sich bei der Landesverteidigung auf niemanden verlassen darf – schon gar nicht auf die windigen, wendigen Europäer –, sondern nur auf die eigene Kraft. Einmal im Jahr würden zum Gedenken an den Völkermord gleich jenseits der Grenze zu Deutschland die Sirenen heulen. Israelische Fernsehstationen würden Interviews mit Überlebenden der Konzentrationslager und Spielfilme über den jüdischen Widerstand gegen den Naziterror herüberfunken. Nicht Rahel Varnhagens zarte Töchter, sondern taffe israelische Mädchen würden die Einkaufszentren in Düsseldorf und Dresden bevölkern, das Gewehr lässig über die Schulter geschwungen – und sie würden sich keine Sekunde lang bieten lassen, dass deutsche Verkäuferinnen sie von oben herab behandeln. Sollten Neonazivereine weiterhin spektakuläre Wahlerfolge erzielen, und würden Vertreter der anderen Parteien mit den Nazis paktieren, müsste mit einer militärischen Intervention dringend gerechnet werden.

Allerdings hat dieser Plan einen Fehler: Die meisten Israelis stammen – entgegen anderslautenden Gerüchten – gar nicht aus Europa. Sehr viele sind Nachkommen der blühenden Judengemeinden aus Ägypten, Syrien, Persien, dem Maghreb und dem Irak, Gemeinden, die an manchen Orten (wie in Bagdad) schon Jahrtausende existiert hatten. Sie wurden innerhalb weniger Jahre nach 1948 zerstört; die Folge war ein sogar für die Geschichte des Nahen Ostens außergewöhnlicher Exodus – etwa 850 000 Juden aus den muslimischen Ländern wurde nach Israel vertrieben. Und es steht zu befürchten, dass die orientalischen Juden das feuchtkalte Klima in Deutschland nicht vertragen.

DER PALÄSTINENSERSTAAT MÜSSTE
IM IRAN GEGRÜNDET WERDEN

Die Palästinenser sind wahrscheinlich das am gründlichsten ruinierte Volk in der arabischen Welt. Sie sind nicht nur Opfer der israelischen Besatzungsmacht, die sie seit 1967 kujoniert hat, sondern auch – und vielleicht in noch größerem Maße – ihrer eigenen Führung: Als die Besatzungszeit Mitte der neunziger Jahre endete und die Ära der palästinensischen Selbstverwaltung begann, mussten die Palästinenser erleben, dass sie von einer Gangsterbande beherrscht wurden. Das Regime des Westentaschendiktators Arafat erwies sich als korrupt, demagogisch und unfähig. Zugleich waren die Palästinenser immer auch Opfer ihrer Brüder und Schwestern in den verschiedenen arabischen Ländern, denn die pferchten sie in Flüchtlingslager, statt sie in ihre Gesellschaften zu integrieren. Und Opfer wurden sie schließlich der islamischen Fundamentalisten: Nachdem die Palästinenser sie in einem Anfall extremer politischer Kurzsichtigkeit an die Macht gewählt hatten, erwiesen die sich als genauso korrupt und unfähig wie ihre säkularen Vorgänger. Das tragische Resultat: Mit den Palästinensern ist heute kein Staat mehr zu machen. Sogar wenn Israel über Nacht von der Landkarte verschwände, würde aus ihnen keine Nation. Mittlerweile haben die Palästinenser ja ihre eigene Zwei-Staaten-Lösung verwirklicht: Der Gazastreifen wird von der Hamas regiert, im Westjordanland haben die Erben von Arafat das Sagen.

Rekapitulieren wir kurz, nach welchem Schema nationale Befreiungsbewegungen in der Geschichte bisher vorgegangen sind: Zunächst organisierten sie im Untergrund den Widerstand, pflegten die nationalen Traditionen (Sprache, Volkstänze usw.) und schufen still und heimlich die Infrastrukturen für einen unabhängigen Staat (öffentliche Verwaltung, Polizei, Armee etc.). Dann führten sie einen Unabhängigkeitskrieg, den sie entweder gewannen (Iren) oder verloren (Korsen). Die Palästinenser weigerten sich standhaft, diesem weltweit anerkannten Schema zu folgen. Sie schufen überhaupt keine Infrastrukturen – statt dessen sorgten sie durch spektakuläre Terroraktionen dafür, dass ihnen ein Staat auf dem silbernen Tablett angeboten wurde. Sobald dies geschah, reagierten sie mit unbändiger Wut und brachen einen Krieg vom Zaun, der in die Katastrophe führte. So war es 1948, als Palästina in einen jüdischen und einen arabischen Staat geteilt werden sollte – die Juden schlugen ein, die Araber lehnten sofort ab; so war es 2000, als der damalige israelische Premierminister den Palästinensern ohne nennenswerte Gegenleistung 97 Prozent der von Israel besetzten Gebiete und halb Jerusalem obendrein schenken wollte. Die palästinensische Führung ließ nach diesem Affront prompt die Verhandlungen platzen. Es scheint, als strebten die Palästinenser im Grunde gar keine nationale Unabhängigkeit an; als bestünden sie um jeden Preis darauf, dass sie weiterhin Opfer und nichts als Opfer sein wollen. Aus dieser Misere gibt es nur einen logischen Ausweg: Der Palästinenserstaat müsste nicht in Palästina, sondern anderswo gegründet werden. Bei einigem Nachdenken bietet sich hier der Iran an. Schließlich blicken die Perser mit enormer Geringschätzung auf die Araber herab – und dann sind die Palästinenser auch noch Sunniten, während die meisten Iraner der schiitischen Richtung des Islam angehören. Dazu sollte man wissen, dass es in Teheran vierzehn Synagogen gibt, aber keine einzige sunnitische Moschee. Das Mullah-Regime unterdrückt die sunnitischen Muslime (vor allem Aserbaidschaner und Kurden) mit harter militärischer Hand. Für die miese Behandlung, die zur palästinensischen Nationbildung unerlässlich ist, wäre also schon einmal gesorgt. Außerdem gibt es im Iran genug Platz: Der Palästinenserstaat müsste nicht, wie es im Heiligen Land der Fall wäre, aus zwei auseinandergerissenen Flecken Wüsten bestehen, von denen der eine (der Gazastreifen) auch noch wenig größer als ein Handtuch ist. Die Landschaft wirkt womöglich noch authentischer biblisch als in Palästina.

Auch für den Iran wäre es gut, wenn sich der Palästinenserstaat auf seinem Territorium befände. Reden wir nicht von den menschlichen Ressourcen; reden wir lieber von dem Gewinn an Ansehen, der ganz unschätzbar wäre. Das iranische Regime könnte vor der Weltöffentlichkeit beweisen, dass ihm wirklich an einer Lösung des Nahostkonflikts gelegen ist, dass es seinen markigen Worten nur gute Taten folgen lässt und dass es darum die moralische Reife erworben hat, die nötig ist, um neben Israel und Pakistan in den exklusiven Club der Nuklearmächte aufgenommen zu werden.

Religionsfragen

ARGUMENTE FÜR GOTT

Für Gott spricht zunächst, dass er die Welt erschaffen hat
– dass er das Universum mit einem großen Knall aus dem
Nichts hervorbrachte, dass er »Es werde Licht« sprach, dass
er das Licht von der dunklen Materie schied, die den Phy-
sikern seither so viele Rätsel aufgibt, dass er den Raum auf
unvorstellbare Weise entlang einer vierten Dimension, der
Zeit, krümmte, dass er aus Gasnebeln Sonnen und Planeten entstehen ließ, dass er die Sterne zu spiralförmigen
Galaxien anordnete und dafür Sorge trug, dass auf dem
dritten Steinbrocken eines Planetensystems am Rande
der Milchstraße genau die richtigen Bedingungen dafür
herrschten, dass Leben entstehen konnte: Der Abstand
zum Zentralgestirn stimmte – weder war der Planet zu
nah an der Sonnenglut noch allzu weit von ihr entfernt –,
in der Atmosphäre gab es Wasserdampf und ausreichend
Kohlendioxid, der Asteroidengürtel jenseits des Mars fing
größere Meteore ab, bevor sie mit der Erde kollidieren
konnten, ein Magnetfeld im All wirkte als schützendes
Schild gegen schädliche kosmische Strahlen.

Für Gott spricht ferner, dass er das Leben schuf – dass
er mit einem ultravioletten Zufallsblitz im warmen Ur-
Ozean den ersten Einzeller wachsen ließ, dass sich aus diesem Einzeller, als sei das Gesetz der Entropie außer Kraft
gesetzt, unter Gottes schützender Hand alles entwickelte,
was da kreucht und fleucht – Fische, Dinosaurier, Vögel

und jene pelzigen kleinen Säugetiere, die unsere Vorfahren wurden. Für Gott spricht, dass er mittels der Evolution, die viel weniger gemütlich ablief, als Darwin und Co. sich das vorstellten, sondern in kataklysmischen Schüben, den Menschen ins Dasein rief und ihm seinen Odem einblies: die Sprache, durch die er sich von allen anderen Wesen auf diesem Planeten unterscheidet. Die können zwar quaken, muhen, bellen oder krähen, bleiben aber dabei stumm, während der Mensch Witze und Lügengeschichten erzählt und den Dingen Namen gibt.

Für Gott spricht, dass er sich am siebten Tage nach der Schöpfung ausruhte, um uns ein Beispiel zu geben, damit wir uns einmal in jeder Woche aus dem hektischen Leben ausklinken, keine Arbeit verrichten und nicht über Geld nachdenken, weil wir keine Sklaven werden sollen. Für Gott spricht, dass er den Menschen die Treue hält, dass er ihnen nach den großen Katastrophen der Frühbronzezeit keine neue Sintflut mehr geschickt hat – sein Zeichen dafür: der Regenbogen am Himmel –, auch wenn die Menschen weiterhin betrügen, morden, stehlen und voller Verblendung ihren Idolen blutige Opfer darbringen; dass er die Menschen nicht trotz, sondern gerade in ihren Sünden liebt, wie ein treuer Ehemann, der so tut, als sähe er nicht, dass seine Frau ihn jede Nacht betrügt, und dass Gott den verstockten Bösewicht trotzdem exakt nach dem Maß seiner bösen Tat bestraft, wenn nicht in dieser, dann drüben in der anderen Welt.

Für Gott spricht endlich, dass er uns Rechtsvorschriften gegeben hat, nach denen wir leben sollen, ein Gesetz, in dessen Mittelpunkt der Satz steht: »Liebe deinen Nächsten, denn er ist wie du«, was nicht mehr bedeutet, aber auch nicht weniger, als dass wir die Sphäre unseres Mitmenschen respektieren sollen, damit er unsere Sphäre nicht verletze. Für Gott spricht, dass er – wie es in einem schönen alten Spiritual heißt – alles in seiner Hand hält, die Meere und Kontinente, die Sonne und den Mond, die Juden und die Hindus, die Christen und Muslime und die Atheisten selbstverständlich auch.

Wenn uns jetzt jemand darauf hinweist, dass die Erde ein Jammertal ist, dass es hienieden Leid und sinnlosen Schmerz gibt, dann antworten wir: Dieser Einwand kommt etwa viertausend Jahre zu spät. Wer etwa die höhnische Frage stellt, wo denn Gott in Auschwitz gewesen sei, der zeigt nur, dass er die Heilige Schrift nicht kennt, denn gleich an ihrem Anfang lesen wir von Kain, der seinen Bruder Abel erschlug. Wen aber liebte Gott? Den Abel – darum stieg der Rauch von seinem Opfer kerzengerade empor, just das erregte ja den Neid seines Bruders. Wen aber mochte Gott deutlich weniger? Den Kain. Doch als jener Kain Gottes Liebling ermordete, was tat der Allmächtige da? Nichts. Und darum schreit, wie es in der Bibel heißt, »die Stimme des Blutes von der Erde zu mir« – das Blut des schuldlosen Opfers schreit zu Gott, es klagt ihn an. Wo also war Gott in Auschwitz? Dort, wo er immer schon gewesen ist: im Unerklärlichen. Immerhin können wir unseren Schmerz ihm zu Füßen legen, wir dürfen mit ihm hadern; nach jüdischer Auffassung ist das Hadern mit Gott sogar eine gute Tat, wenn es nicht aus eigennützigen Gründen geschieht. »Herr, Gott, mein Erlöser, ich schreie Tag und Nacht zu dir. Lass mein Gebet vor dich kommen, neige deine Ohren zu meinem Geschrei«, heißt es im schwärzesten aller Psalmen. »Du hast mich in die Grube hinuntergelegt, in die Finsternis und in die Tiefe … Meine Freunde hast du fern von mir getan, du hast mich ihnen zum Gräuel gemacht. Ich liege gefangen und kann nicht herauskommen … Wird man in Gräbern erzählen deine Güte und deine Treue im Verderben? Mögen denn deine Wunder in der Finsternis erkannt werden oder deine Gerechtigkeit in dem Lande, da man nichts gedenkt?«

Keine atheistische Predigt ist in ihrer Radikalität je auch nur in die Nähe des 88. Psalms gelangt. Religiöse Menschen können es sich leisten, so radikal zu sein, denn sie wissen: Niemand − nicht der Untröstliche am Totenbett, nicht das krebskranke Kind, nicht der Gulagsträfling unter dem eisernen Himmel von Workuta, nicht die Nackten an der Schwelle zur Gaskammer −, wirklich niemand fällt tiefer als in Gottes Hand.

ARGUMENTE GEGEN GOTT

Die Gnostiker glauben, dass die Schöpfung das Werk einer minderen und bösen Gottheit gewesen sei, des Demiurgen: In Abwesenheit des wahren Gottes habe jener Demiurg die Welt entstehen lassen und in ihrer Mitte eine Spottgeburt aus Schlamm und Lügen, den Menschen. So komme es, dass unsere Existenz zum größeren Teil aus Ekel und Schmerz bestehe, und die einzige Hoffnung sei alles Mindere und Materielle so bald wie möglich hinter uns zu lassen, damit unsere reinen Seelen wieder dem ganz und gar jenseitigen Licht zustreben,

von dem sie eigentlich herkommen. Dieser Schöpfungs-
mythos ist verrückt, wie es alle Schöpfungsmythen sind,
aber er taugt immer noch besser, die Wirklichkeit zu erklären, als alle monotheistischen Religionen zusammen-
genommen. Jede zweite Schlagzeile, die in der Zeitung
gedruckt steht, liefert neue Argumente gegen die Existenz eines allmächtigen, guten und gerechten Gottes.
Damit sind nicht so sehr Nachrichten über Kriege oder
ethnische Gemetzel gemeint – derlei ließe sich zur Not
mit dem Verweis auf die Sündhaftigkeit des Menschen
erklären: Gott habe dem Menschen den freien Willen gegeben, und dieser nutze ihn, um Böses zu tun etc. Aber
wie steht es mit Seuchen, die Schuldige und Unschuldige gleichermaßen dahinraffen? Was ist mit Naturkata-
strophen, etwa mit dem Tsunami des Jahres 2004, der
als Weihnachtsgeschenk vom Himmel her Südasien ver-
wüstete, Hunderttausende tötete, Millionen obdachlos
machte? Der Kinder in Waisen verwandelte und (was
vielleicht noch schlimmer ist) Eltern ihre Kinder raubte?
Gläubige Menschen können da nur die Achseln zucken
und etwas von Gottes unerforschlichen Wegen mur-
meln, aber ist das eine Antwort?

Ein gewichtigeres Argument gegen Gott ist, dass
man ihn nicht braucht – wie jeder Physiker bestätigen
wird, kommen die neueren Modelle des Kosmos gut
ohne ihn zurecht. Isaac Newton dachte noch, dass er
den Allmächtigen benötige, damit der ihm das Koordi-
natensystem seines absoluten Raumes garantiere, aber
spätestens seit Einstein hat sich der absolute Raum als
Fiktion erwiesen. Auch die Biologie kann auf die Idee
eines Schöpfers verzichten, der den Bauplan jeder ein-

zelnen Ameise und jedes Bandwurms im Hundedarm entworfen hat; der Zufall, der den Prozess der darwinistischen Auslese dirigiert, reicht vollkommen aus. Brutal und offen gesprochen: Gott erklärt nichts, beweist nichts, bewirkt nichts. Mit der Logik steht er sogar auf dem Kriegsfuß. Das wussten schon die Aufklärer des achtzehnten Jahrhunderts, die fragten: »Kann Gott einen Stein schaffen, der so schwer ist, dass er ihn nicht aufheben kann?« Dies ist keine sophistische Spielerei – dahinter verbirgt sich die ganz ernsthafte Frage, ob Allmacht imstande wäre, sich selbst zu begrenzen. Wenn nein, so wäre sie nicht ganz allmächtig; wenn aber doch, wo bliebe sie dann?

Ein Argument zugunsten von Gott könnte sein, dass religiöse Menschen eher als Atheisten zu guten Taten neigen. Ach, wäre es doch so! Betrachtet man die Geschichte, scheint beinahe schon die gegenteilige Auffassung gerechtfertigt zu sein: Gerade die Gottgläubigen begehen manchmal Grausamkeiten, ohne mit der Wimper zu zucken, weil ihre Untaten ja vom Himmel sanktioniert worden sind. Denken wir an die Kreuzzüge, wo christliche Horden mit dem Ausruf »Deus lo vult!« alles zerhackten, was ihnen in die Quere kam; denken wir an die Scheiterhaufen der spanischen Inquisition; denken wir an die islamischen Selbstmordattentäter, die sich mit dem Ruf »Allah ist groß!« unter tanzenden Teenagern in die Luft sprengen. Freilich, es gibt Gegenbeispiele: edle Christen und Muslime, die Nächstenliebe nicht nur predigen, sondern auch praktizieren. Anständige Menschen findet man indessen ebenso unter den Gottlosen und Heiden. Die Realität dürfte verstörender sein, als raffi-

nierte Theologen sich einzugestehen wagen: Die Häufig-
keit der Hilfreichen und Freundlichen unter den Menschen folgt der Gauß'schen Normalverteilung – sie sind
unter allen Gruppen im gleichen Maße vertreten. Die
Religion macht keinen moralischen Unterschied; nicht
den geringsten. Die Gottesillusion hat also nicht einmal
einen praktischen Nutzen.

In diesem Zusammenhang sollten wir nicht allzu höflich sein: Jener Gott, der sich in den heiligen Schriften
offenbart, zeigt inhumane Züge. Im Alten Testament verlangt er die Ausrottung der Amalekiter; im Neuen Testament wird komplette Unterwerfung unter Jesus gefor-
dert, und all jenen, die dazu nicht bereit sind, drohen
Höllenstrafen; der Koran ruft zum Dschihad gegen die
»Ungläubigen« auf. Muss man sich eigentlich wundern,
wenn solche Texte bei denen, die sie mit Eifer studieren,
nicht nur zu Menschenfreundlichkeit führen? Gewiss hat
die Religion auch Gutes hervorgebracht. Um nur ein
paar Beispiele herauszugreifen: Ohne den Katholizis-
mus gäbe es weder Dantes »Göttliche Komödie« noch
die Fresken des Michelangelo, ohne den Protestantis-
mus hätte Bach seine »Matthäuspassion« nicht kompo-
niert. Dem Islam haben wir ein paar sehr gelungene Mo-
scheen zu verdanken. Aber all dies macht einen Irrtum
nicht zur Wahrheit. Wäre Gott so allmächtig, gütig und
voller Erbarmen, wie seine Anhänger behaupten, sähe
die Welt anders aus, sähen die Bücher der Offenbarung
anders aus und sähen nicht zuletzt auch sie selbst, die
Anhänger, anders aus. Die einzige Entschuldigung für
Gott sei, dass er nicht existiert, sagten einst die Aufklärer – dieser Satz bleibt unverändert gültig. Über unseren

Häuptern ist nichts, nicht einmal ein Fragezeichen, nur das kalte Schweigen des Universums.

AKTIVE STERBEHILFE IST GNÄDIG

»Kein Mensch muss müssen« – das ist der Wahlspruch des Liberalismus. Jeder Mensch hat das Recht, frei zu entscheiden, wo er wohnen, was er arbeiten, mit wem er zusammenleben möchte: So darf dann auch keiner gezwungen werden, an einem bestimmten Ort zu bleiben. Einen Staat, in dem auf Leute geschossen wird, die versuchen, ihn zu verlassen, nennt man mit Recht totalitär (das entsprechende Delikt hieß in der DDR »Republikflucht«). Zu den Grundfreiheiten, für die der Liberalismus einsteht, gehört mithin auch die Entscheidung jedes Einzelnen, ob er weiterleben oder sich selbst töten möchte. Das ist gar nicht so selbstverständlich, wie es sich zunächst anhören mag. Es hat in Europa Zeiten gegeben, da wurde der Versuch, »Republikflucht« aus dem Leben zu begehen, mit der ganzen Strenge des Gesetzes bestraft. Dies wurde theologisch begründet: Allein Gott sei Herr über Leben und Tod, hieß es. Uns armen Sündern stehe es nicht an, ihm ins Handwerk zu pfuschen, denn das Leben sei ein Geschenk. Wir hätten dieses Geschenk des Himmels gefälligst zu akzeptieren, auch wenn wir unheilbar krank sind und uns in Schmerzen winden oder vor Liebeskummer in der Zukunft nur noch eine graue Einöde zu sehen vermögen.

Wenn der Selbstmord nach liberaler Auffassung erlaubt ist, so folgt daraus logisch, dass auch der assistierte Selbstmord gestattet sein muss. Es gibt Situationen, wo der Mensch, der aus dem Leben scheiden will, selbst nicht mehr imstande ist, den Schritt in den Tod zu tun – etwa weil er eine Querschnittslähmung erlitten hat und nun keinen Finger mehr rühren kann. In diesem Fall wird er vielleicht einen anderen, einen Arzt oder Freund, um Hilfe bitten. Nach geltendem Recht darf der andere ihm zumindest in Deutschland diesen letzten Liebesdienst nicht erweisen. Allenfalls darf der Arzt ihn sterben lassen, also keine lebensverlängernden Maßnahmen einleiten – aber aktive Sterbehilfe bleibt weiterhin verboten. Letztlich geht auch dies auf theologische Vorstellungen zurück: das Leben als transzendentale Verpflichtung, Gottes unerforschlicher Ratschluss usw. In Deutschland schlagen die Moralapostel dann gern mit der Faschismuskeule zu. Tötung auf Verlangen sei Euthanasie, heißt es, und Euthanasie hätten die Nazis praktiziert. Dabei wird der fundamentale Unterschied verwischt, der zwischen »Tötung auf Verlangen« und vieltausendfachem Mord im Auftrag des Staates besteht. Im einen Fall nimmt der Einzelne das Grundrecht wahr, selbst über sein Leben und Sterben zu bestimmen. Im anderen Fall wird ihm just diese Entscheidung von der Obrigkeit verwehrt, die ihn im Namen eines höheren Gutes (der »Volksgesundheit«) umbringt. Der Staat, in dem Sterbehilfe heute zum medizinischen Alltag gehört, ist keine stacheldrahtbewehrte Diktatur, sondern das milde und liberale Holland. Das sollte uns zu denken geben.

EUTHANASIE IST EIN VERBRECHEN

Eines der gedankenlosen Klischees über die Nazis besagt, diese seien ein reaktionärer Haufen gewesen. In Wahrheit können sie als reaktionär nur in einer Hinsicht gelten, nämlich wenn man die jüdisch-christliche Ethik betrachtet. Die Zehn Gebote waren den Nazis tatsächlich zu neumodisch, und sie wollten wieder dahinter zurück: Sie träumten von der antiken Härte, vom fröhlichen Neuheidentum, das es ihnen gestatten würde, ohne Gewissensbisse Massaker zu verüben.

Von dieser einen (freilich bedeutenden) Ausnahme abgesehen, waren die Nazis auf beinahe allen Gebieten fortschrittlich. Das gilt nicht zuletzt für die Euthanasie, die längst vor liberalen Ärzten der Weimarer Republik propagiert worden war. Die Nazis haben hier nichts getan, als einen unter Dampf stehenden Zug, der abfahrbereit am Bahnsteig stand, zu besteigen und mit Höchstgeschwindigkeit zu betreiben. Der Kinofilm »Ich klage an« etwa, der 1942 in die deutschen Kinos kam, zeigt nichts, was ein progressives Gemüt verletzen könnte. Der Film handelt von einer Frau, die an multipler Sklerose erkrankt und von ihrem Mann, einem Mediziner, aus Mitleid von ihren Leiden erlöst wird. In der Schlüsselszene dankt sie ihm dafür, dass er ihr den Tod gibt. Der Ausdruck »lebensunwertes Leben«, den Goebbels prägte, meint zunächst nur dies: ein Leben, das für den Einzelnen nicht mehr erträglich ist. Die Ausweitung auf die Bedeutung »die Volksgemeinschaft entscheidet, wer lebt und wer stirbt« kam erst später. Sie ergab sich aber organisch daraus – die Tötung aus Mitleid war nur der erste Schritt in den moralischen Abgrund. So ist es auch heute. Man beginnt mit der Diskussion, ob man unheilbar Kranken nicht »unnötige Leiden« ersparen soll. Am Ende landet man bei der Debatte, ob das Geld, das man dafür ausgibt, Komapatienten und Querschnittsgelähmte am Leben zu erhalten, nicht besser angelegt wäre, wenn man weniger hoffnungslos Kranken helfen würde. In diesem Zusammenhang mag der Hinweis interessieren, dass der Sterbewunsch von Sterbenskranken meist nicht auf unerträgliche Schmerzen zurückzuführen ist (die bekommt man mit den Mitteln der Palliativmedizin heutzutage gut in den Griff). Aber man will niemandem eine Last sein, vor allem nicht der eigenen Familie. Man fühlt sich nicht mehr gewollt. So ist es kein Zufall, dass die Befürworter der Sterbehilfe gerade in dem historischen Moment auf den Plan treten, da in den westlichen Gesellschaften die Alten überhandnehmen, während der Nachwuchs ausbleibt. In Holland wird die Euthanasie in der überwiegenden Zahl der Fälle übrigens schon lange nicht mehr auf Wunsch des Patienten praktiziert, sondern auf Wunsch seiner lieben Angehörigen, die ihn loswerden wollen. Hoffentlich gibt es in der kommenden Generation noch Ärzte, die sich durch den hippokratischen Eid gebunden fühlen.

DAS CHAOS IST GUT

Nach Meinung der Alten wurde unsere Welt aus dem Chaos geboren. Die Antwort auf die philosophische Kinderfrage »Warum ist da etwas und nicht vielmehr nichts?« lautet also: Weil es das Chaos gab. Der Ausdruck »kreatives Chaos« muss endlich als Tautologie durchschaut werden: Ein unkreatives Chaos gibt es gar nicht. Die Unordnung hält es nämlich nie bei sich aus, sie treibt neuen Ufern entgegen und will mehr sein, als sie auf den ersten Blick darstellt. So ist noch nie eine originelle Idee über einem aufgeräumten Schreibtisch entstanden. Erst wenn die Manuskriptstapel schief ineinanderstürzen, die angelesenen Bücher mit den Rücken nach oben lasziv ihre Deckel spreizen, wenn die Aschenbecher überquellen und auf dem Fußboden verstaubte Zeitungsstapel herumliegen – erst wenn das Tohuwabohu so uneingeschränkt regiert wie vor Beginn der Schöpfung, wachsen dem Genius Flügel, damit er sich frei in die Lüfte erheben kann. Wo in einem Büro aber keine Staubkrume die polierten Oberflächen der Schreibunterlagen verunzieren darf, dort wohnt hinter hohen Stirnen die absolute Leere.

Das Chaos hat die Physik gerettet, es hat ihr den Status als wissenschaftliche Disziplin gesichert. Um die Jahrhundertwende galt die physikalische Forschung als abgeschlossen, die Gesetze der Mechanik schienen den gesamten Kosmos zu beherrschen. Dann kam Max Planck und entdeckte den Zufall, also das Chaos: Er entdeckte, dass man nie gleichzeitig die Drehbewegung und den Aufenthaltsort eines subatomaren Teilchens bestimmen kann. Er fand heraus, dass der Beobachter in der Miniaturwelt, in die er hineinschaut, solche gravierenden Veränderungen auslöst, dass es eine objektive Realität, die vom Beobachter unabhängig ist, gar nicht zu geben scheint. Mit einem Mal war das Bild von der Welt als mechanischer Großvateruhr, die Gott am Schöpfungstage aufgezogen hatte und die seither dem Jüngsten Gericht entgegenschnurrt, obsolet geworden. Es gab Dinge, wirklich und wahrhaftig, die man nicht vorhersagen konnte! Der Zufall war kein *Messfehler*, sondern ein tief in die Struktur des Universums eingelassener *Webfehler*. Eigentlich ist es nur dieses wunderbare und chaotische Element, das die Physik zu einem Feld gemacht hat, auf dem wieder nach Herzenslust experimentiert und spekuliert werden kann. Ohne das Chaos wäre sie längst zum toten Gegenstand herabgesunken.

Das Leben ist ohne Unordnung gar nicht denkbar. Sei es im Privaten, sei es im Bereich der Politik: Ein Grundprinzip lautet, dass am Ende immer etwas anderes herauskommt, als sich die Akteure gedacht oder erhofft hatten. Sonst gäbe es ja keine zerbrochenen Lieben und verlorenen Kriege, aber auch keine Urlaubsflirts und Wirtschaftswunder. Und möchte es wirklich jemand anders haben? Wünscht sich irgendein Erdenbürger im Ernst, ein langweiliges Paralleluniversum zu bewohnen, das keine chaotischen Unwägbarkeiten kennt? Zu guter Letzt sei darauf hingewiesen, dass nach dem physikalischen Gesetz der Entropie das Chaos mit der Zeit ohnehin überhandnimmt

– warum sich also einer Entwicklung entgegenstemmen, die nichts als logisch und natürlich ist?

DIE ORDNUNG IST SCHÖN

»Wer Ordnung hält, ist nur zu faul zum Suchen«, lautet ein besonders dummer Spruch. Die Replik darauf kann nur sein: Ganz genau so ist es! Wer sich in einer geordneten Umgebung aufhält, will seinen Gehirnschmalz nicht darauf verschwenden, ständig nach irgendwelchen verlegten Sachen zu kramen. Er möchte sich nicht von einem unaufgeräumten Schreibtisch von dem ablenken lassen, was wirklich wichtig ist. Im Übrigen gilt es hier ein Geheimnis zu lüften: Die Ordnung ist schön. Das beweist jeder Test mit Porträtfotografien: Als ästhetisch ansprechend werden – unabhängig vom kulturellen Hintergrund des Betrachters – immer jene Gesichtszüge eingestuft, die den Eindruck von Symmetrie hervorrufen. Schief, also unordentlich, ist dagegen immer hässlich – man denke an den Glöckner von Notre-Dame. Kristalline Strukturen, die das Höchstmaß an Ordnung darstellen, das es in der Natur zu bewundern gibt, sind aus eben diesem Grund auch ästhetisch ansprechend; nicht zuletzt darum sind »diamonds a girl's best friend«.

Künstler beschäftigen sich tagaus, tagein nur damit, hochkomplizierte Ordnungsgebilde herzustellen. Am schönsten hört man das in der Musik, die mit ihren Harmonien und Kontrapunkten ja nichts als Mathematik ist, die zum Klingen gebracht wurde. Aber auch in der Bildhauerei kommt es darauf an, ganz buchstäblich Ordnung zu schaffen: Nichts anderes meint jener berühmte Bildhauerwitz, wonach es gar nicht so schwer ist, eine Skulptur herzustellen. Man schlage mit dem Meißel einfach alles von dem Marmorblock herunter, was stört. Jedes Sonett ist ein Aufräumen unter den Wörtern, damit sie sich wie von selbst in die strenge Form fügen, die ihnen befiehlt, vier Verse lang eine gefühlsbetonte These aufzustellen, in vier weiteren Versen emotional dagegenzuhalten und diesen Widerspruch dann sechs Verse lang aufzulösen. Mit Abstrichen gilt dasselbe für jeden Roman: Er macht uns mit einem Protagonisten bekannt, lässt diesen Protagonisten mit einer Situation zusammenstoßen und bietet anschließend eine kunstvolle Auflösung des Dilemmas, das sich daraus ergibt. Jeder gelungene Film besteht aus drei Akten: Erst wird Spannung aufgebaut, dann sieht das Wirrwarr ganz unlösbar aus, im dritten Akt treibt die Spannung einem orgiastischen Höhepunkt entgegen und flaut wieder ab. Ordnung, nichts als Ordnung – wer von »kreativem Chaos« spricht, der hat vom Prozess der Kunstschöpfung keine Ahnung.

In unserem Leben tun wir alles, um der Unordnung nach Kräften Paroli zu bieten. Wir schließen Versicherungen ab, damit uns weder Stürme noch Einbrecher allzu sehr schädigen können; wir geben uns viel Mühe, geeignete Ehepartner zu finden, die uns weder mit anderen Leuten betrügen noch langweilen. Wir erfinden komplizierte Regierungssysteme, damit unsere Gesellschaften nicht in Bürgerkriegen versinken. Wir unterzeichnen Verträge, die regeln, dass wir jeden Tag pünktlich zur Arbeit erscheinen. Wir zählen Jahre, Monate, Tage, Stunden und Minuten. Und wenn dies dem natürlichen Lauf der Dinge zuwiderläuft, so besteht eben unser ganzer Stolz als Menschen darin, uns von der Natur nichts befehlen zu lassen.

HIER SPRICHT DER MUSLIM

Womit beginnt die Geschichte der Menschheit? Damit, dass Allah – der Allmächtige, der Allerbarmer – Adam, den ersten Menschen erschuf? Fängt die Geschichte nicht vielmehr damit an, dass Muhammad, der Prophet – Friede sei mit ihm – den heiligen Koran empfing? Die islamische Zeitrechnung jedenfalls setzt nicht mit der Erschaffung des Menschen ein. Sie fängt erst bei der Offenbarung an zu zählen: am 27. Juli des Jahres 621 (nach dem Kalender der Ungläubigen). Davor liegt die Dschahilja, die Zeit der Unwissenheit, in der die Menschen noch falsche Götter anbeteten. Die Stunde null (um einen den Deutschen besonders vertrauten Begriff zu verwenden) ereignete sich, als der Prophet – Friede sei mit ihm – die Höhle Hira bei Mekka aufsuchte, um in der Zurückgezogenheit zu meditieren. Bald erschien ihm der Erzengel Dschibril und verriet ihm die Wahrheit in ihrer ganzen Herrlichkeit: so rein, wie sie vordem als »Mutter aller Schrift«, als vollkommener Urtext, nur im Himmel existiert hatte.

Schon bevor Muhammad – Friede sei mit ihm – den heiligen Koran empfing, gab es Vorahnungen der Wahrheit. Allah, der Allmächtige, der Allerbarmer, hatte sich Abrahams Kindern und den Jüngern Jesu offenbart. Aber beide erwiesen sich Seiner Botschaft unwürdig. Die Juden fälschten die Thora, um rassistisch ihre Überlegenheit über die anderen Nationen zu behaupten – sie gaben damit an, das auserwählte Volk zu sein, als dürften nur sie Gott dienen und nicht alle Menschen, ganz unabhängig von Hautfarbe und Herkunft. Zur Strafe hat Allah, der Allmächtige, der Allerbarmer, die Juden verworfen, und etliche von ihnen verwandelte er in Affen und Schweine, weswegen die Juden von den Rechtgläubigen heute noch häufig »Söhne von Affen und Schweinen« genannt werden. Die Christen aber fälschten ihr Neues Testament: Sie schrieben die blasphemische Behauptung hinein, Issa, Mariams Sohn, sei mehr als ein Mensch, mehr als ein Prophet, sei Gottes Sohn gewesen; außerdem behaupteten sie, die Römer hätten Issa am Kreuz getötet, obwohl die Kreuzigung nichts als eine Illusion zur Täuschung der Ungläubigen war. Um ihrer Lügen willen hat Allah, der Allmächtige, der Allerbarmer, auch die Christen verworfen und den Muslimen verboten, allzu engen Umgang mit ihnen zu pflegen. In seiner Barmherzigkeit hat Er aber sowohl Juden wie Christen gestattet, gegen Zahlung einer Kopfsteuer in den Ländern des Islam zu leben. Besondere Gesetze, die ihnen den Status von Schutzbefohlenen zuweisen, bewahren sie sogar vor dem gerechten Zorn der Rechtgläubigen.

Ist der Islam intolerant? Keineswegs! Jüdische Philosophen wie Maimonides haben von Muslimen gelernt, und diese wieder von jenen; und beide zusammen haben die Scholastik der Christen beflügelt. Wenn in den Ländern, die muslimische Heere eroberten, hunderte Juden und tausende Christen zum Islam konvertierten, dann weniger aus Zwang, als weil sie von der rechten Lehre überzeugt waren. Muslime haben eine große städtische Zivilisation errichtet, als die Christen des Frankenreiches noch in Schweineställen hausten. Sie haben die Schätze der Antike, die Schriften von Aristoteles, in ihren Bibliotheken aufbewahrt. Doch all dies ist nicht das entscheidende Argument zugunsten des Islam. Das wichtigste Argument lautet: Der Islam wahrt die Einheit von Politik, Kultur, Wirtschaft und Religion, die in den Ländern des Westens zerbrochen wurde. Das Gesetz, das Allah, der Allmächtige, der Allerbarmer, den Menschen gegeben hat – die Scharia –, regelt jeden Aspekt des Lebens, von den Verrichtungen des Alltags bis zu den Staatsgeschäften. Dabei wird ein Wert in den Mittelpunkt gerückt, der uns allen am Herzen liegen sollte: die soziale Gerechtigkeit. Wäre die Welt islamisch, gäbe es die Auswüchse des gottlosen Kapitalismus nicht, die man heute mit Recht beklagt. Banken wäre das Zinsnehmen verboten, die Reichen dürften nicht die Armen ausplündern. Vielleicht werden die Muslime das materialistische westliche System überwinden, nachdem die Linke gescheitert ist. Inschallah!

HIER SPRICHT DER UNGLÄUBIGE

Alle Religionsgründer benahmen sich gelegentlich daneben. So führte Moses, nachdem die Israeliten ums Goldene Kalb getanzt waren, eine blutige politische

Säuberung durch, Jesus neigte zu grauenhaften cholerischen Anfällen, und Buddhas philosophische Platitüden können einem gehörig auf die Nerven gehen. Aber keiner unter den Religionsstiftern trägt dermaßen (sagen wir es höflich:) verstörende Züge wie Muhammad. Wie sollen wir es etwa finden, dass der Prophet seine Anhänger in der Frühphase des Islam durch Raubzüge unterstützte? Sie hätten durch harte Arbeit ihr Brot verdienen und die Heiden durch beispielhafte Akte der Barmherzigkeit bekehren können. Muhammad indes zog es vor, Karawanen zu überfallen und die Beute unter den Muslimen zu verteilen. Oft zeigte er sich grausam gegen seine Feinde: Er ließ Männer und Frauen foltern und umbringen, die gegen ihn auftraten – manchmal war ihr einziges Verbrechen, dass sie Gedichte gegen ihn geschrieben hatten. Dann ist da die Geschichte der Juden von Medina. Sie hatten seit Jahrhunderten in dieser Stadt gelebt – Muhammad aber ließ siebenhundert jüdische Männer abschlachten, weil sie sich weigerten, ihn als Botschafter Gottes anzuerkennen; ihre Frauen und Kinder verkaufte er in die Sklaverei. Heute würden wir von einem Genozid sprechen. Und wie sollen wir die Sache mit Aische bewerten? Der Prophet heiratete sie, als sie sechs Jahre alt war und noch mit Puppen spielte, weil Allah ihm das befohlen hatte. Immerhin wartete er, bis sie ihre erste Regel hatte, ehe er sie beschlief; da war Aische neun.

Vielleicht ist das Verstörendste am Islam aber das Ressentiment, das dieser Religion schon an der Wurzel nagt. Schließlich hatte sich Muhammad nicht irgendein Allerweltsgott offenbart, sondern der Gott der Juden

und Christen. Er nahm also an, diese beiden Gemein-
schaften würden ihn mit offenen Armen begrüßen –
aber sie stießen ihn zurück. So ist zu erklären, dass es
wirklich eine halbwegs tolerante Phase gab, in der Muhammad äußerte, in Glaubensdingen dürfe es keinen
Zwang geben; doch die anfängliche Toleranz wich blan-
ker Wut, und allein die aus der Enttäuschung entsprun-
genen späteren bitteren Koranverse sind rechtlich ver-
bindlich. (Eine vergleichbare Episode enttäuschter Liebe
ereignete sich mit Luther in Europa: Zunächst fand der
deutsche Reformator begütigende Worte für die Juden;
doch als sie Jesus danach immer noch nicht für den
Messias hielten, forderte er, dass man ihre Synagogen
anzünden solle.) Die Neigung zum Beleidigtsein ist dem
Islam also schon in seinen Ursprüngen eingeschrieben
– mitsamt dem Hang zur Gewalt, die aus dem Gefühl der
Beleidigung folgt.

Womöglich ist die Wahrheit indes noch verwirren-
der: Es kann sein, dass Muhammad gar nie gelebt hat.
Jedenfalls ist es glatt gelogen, dass der Koran in einem
Stück vom Himmel fiel – wie bei jedem religiösen Text
handelt es sich auch beim heiligen Buch der Muslime
um ein Palimpsest. Manche Passagen werden überhaupt erst verständlich, wenn man annimmt, dass es
sich um eine arabische Übersetzung aus dem Aramäi-
schen handelt. Das deutet darauf hin, dass die Ur-
sprünge des Islam nicht auf der Arabischen Halbinsel
liegen. Nicht eine historische Quelle außerhalb des
Islam weiß von einem Religionsgründer Muhammad zu
berichten. Der Ehrentitel »Muhammad« (der Geprie-
sene) findet sich aber in aramäischer Schrift auf arabi-

schen Münzen, die christliche Kreuze zeigen: »Muhammad« meint dabei nicht irgendeinen neuen Propheten,
sondern Jesus selbst. Kurz und gut, es könnte sein, dass
der Islam nur die Form ist, in der uns heute der Arianismus entgegentritt. Der Arianismus war eine häretische
Lehre, deren Anhänger glaubten, Jesus sei nicht Gott
gleich gewesen – dies könnte allmählich zu der Überzeu-
gung mutiert sein, dass er nichts weiter als ein Mensch
war; der mythische »Muhammad« ist dann derjenige,
dem man diese Erkenntnis nachträglich in den Mund
schob. Verhielte es sich so, wäre der Arianismus nicht
die erste Häresie, die in dem Moment totalitär wurde, als
sie an die Macht kam.

SEHR GERECHT: DIE TODESSTRAFE

Das menschliche Leben ist heilig. Wer mutwillig und mit
Bedacht ein Menschenleben auslöscht, hat deshalb eine
dermaßen monströse Tat begangen, dass er dafür mit seinem eigenen Leben bezahlen muss. Dieser einleuchtende
Gedanke findet sich schon in der hebräischen Bibel – und
er kann ohne Probleme in säkulare Begriffe übersetzt werden: Ein Mord ist die schlimmste Störung der rechtlichen
Ordnung, die man sich denken kann. Er reißt ein Loch in
das unsichtbare Netzwerk, das die Menschen in einer Gesellschaft miteinander verbindet, und dieses Loch kann
nie wieder geflickt werden. Damit hinterher der Rechtsfrieden wieder hergestellt wird, muss zum äußersten aller

Mittel gegriffen werden, der Hinrichtung des Verbrechers. Andere Erwägungen, die daneben noch eine Rolle spielen könnten – etwa: die Abschreckung anderer potenzieller Täter – sind im Vergleich eher unwichtig. Denn was ist ein Mörder? Ein Mensch, der einen anderen Menschen als bloßes Objekt betrachtet und ihn, weil er ihm lästig ist, einfach beiseiteräumt. So jemanden weiterleben zu lassen, ist nicht nur für die Familie des Ermordeten ein Schlag ins Gesicht; es muss all jene verletzen, die noch einen Funken Rechtsempfinden in sich tragen. Hingegen passt die Hinrichtung des Täters zu seinem Verbrechen wie der Handschuh zu einer blutigen Hand.

Ein extremes Beispiel mag helfen, hier klarer zu sehen: Nehmen wir an, die Alliierten hätten nach den Nürnberger Prozessen nobel darauf verzichtet, die Nazihäuptlinge aufzuhängen – dann hätte die Welt von 1945 an mit dem moralischen Skandal leben müssen, dass Hermann Göring und seine Spießgesellen herumlaufen, Reden halten, Interviews geben usw., während ihre Opfer schweigen. Eine unerträgliche Vorstellung. (Im Falle des berühmtesten Obernazis, für den sich partout kein Henkersstrick fand, nämlich Albert Speers, wurde sie leider Wirklichkeit.) Die politische Philosophin Hannah Arendt malt sich am Ende ihres berühmten Buches »Eichmann in Jerusalem« aus, welche Begründung des Todesurteils sie als Richterin dem Architekten der »Endlösung« entgegengeschleudert hätte (entgegen anderslautenden Gerüchten hatte sie prinzipiell nichts dagegen einzuwenden, dass Adolf Eichmann aufgeknüpft wurde). Sie hätte ihm Folgendes ins Gesicht gesagt: »So bleibt also nur übrig, dass Sie eine Politik gefördert und mitverwirklicht haben, in der sich der

Wille kundtat, die Erde nicht mit dem jüdischen Volk und einer Reihe anderer Volksgruppen zu teilen, als ob Sie und Ihre Vorgesetzten das Recht gehabt hätten zu entscheiden, wer die Erde bewohnen soll und wer nicht. Keinem Angehörigen des Menschengeschlechts kann zugemutet werden, mit denen, die solches wollen und in die Tat umsetzen, die Erde zusammen zu bewohnen.« Sapienti sat.

Nun könnte man einwenden, dass es sich hier um einen Sonderfall handelt – schließlich musste der Rechtsfrieden nach dem größten Völkermord der Geschichte wiederhergestellt werden – und dass deswegen Ausnahmeregeln galten. Aber bei näherem Hinsehen sticht dieser Einwand nicht: Sowohl aus theologischer wie aus philosophischer Sicht gibt es zwischen einem einzelnen und einem massenhaften Mord keinen kategorialen Unterschied. »Wer ein Menschenleben auslöscht, der löscht eine Welt aus«, heißt es im Talmud, und dieses Maß gilt absolut. Weder vom Standpunkt des kategorischen Imperativs noch von jenem der utilitaristischen Zweckphilosophie ist es grundsätzlich weniger verwerflich, wenn man nur einen Menschen umbringt und nicht tausend – oder mehreren Millionen. Die Differenz ist lediglich eine graduelle. (Übrigens haben die Alliierten nach dem Zweiten Weltkrieg keineswegs nur die Obernazis, sondern auch untere Chargen zu Dutzenden aufgeknüpft. Hätten sie diese SS-Leute und Gestapo-Verbrecher etwa laufen lassen sollen, nur weil sie nicht ganz so schuldig geworden waren wie Eichmann, Göring und Co.? Und bei welchem Grad von erwiesener Schuld hätten sie die Grenze ziehen sollen?) Als religiös Gläubiger darf man sich gewiss vorstellen, dass den Politmassenmörder – ganz gleich welcher Couleur –

nach seinem Hinscheiden schlimmere Höllenstrafen erwarten als den simplen Schwiegermutteraufschlitzer. Aber das gehört in den Zuständigkeitsbereich der himmlischen Gerichte. Hier auf Erden gibt es nur eine juristische Pflicht: Mörder hinzurichten.

DIE TODESSTRAFE IST WIDERLICH

Das menschliche Leben ist heilig. Dies gilt auch für das Leben des Kinderschänders, des Serienmörders und sogar des Nazi; keiner darf eine Hand an den Verbrecher legen, er ist tabu. Dieser Gedanke hat sich über Jahrtausende in der Entwicklung der jüdisch-christlichen Zivilisation herauskristallisiert: Am Anfang steht Gottes Anruf an Abraham, seinen Knecht auf dem Berg im Lande Moriah, er solle seinen Sohn Isaak nicht zum Schlachtopfer darbringen, ja ihm nicht einmal die Haut ritzen. Hier wurden die Opferzyklen der uralten Naturreligionen durchbrochen, ein einzelner Mensch wurde verschont, eine neue Tradition begründet. In diese Tradition stellten sich die Rabbiner Israels, als sie in der Antike feststellten, ein Sanhedrin – ein jüdischer Gerichtshof –, der öfter als einmal in sieben Jahren ein Todesurteil ausspreche, sei ein grausamer Sanhedrin und verdiene, dass man seine Mitglieder mit dem Ausruf »Mörder!« auseinanderjage. Nach einer besonders strikten Rechtsauslegung gilt dies sogar für ein Gericht, das öfter als einmal in siebzig Jahren ein Todesurteil ausspricht. Praktisch hätte dies Folgendes bedeutet: Die Todesstrafe hätte immer schon mindestens zwei Generationen in der Vergangenheit gelegen – und wäre zunehmend aus dem Gedächtnis entschwunden. Sie wäre de facto, wenn schon nicht de jure abgeschafft gewesen. So wurde die archaische Praxis beendet, durch ein Menschenopfer den Rechtsfrieden wiederherzustellen. In just dieser Tradition stand übrigens der Jude Jesus, als er Gott am Kreuz bat, seinen Mördern zu verzeihen, »denn sie wissen nicht, was sie tun«.

All dies kann ohne Probleme in säkulare Begriffe übersetzt werden: Kein Staat der Welt hat das Recht, einem Menschen das Leben zu nehmen. Wer Mörder hinrichtet, begibt sich zwangsläufig auf dieselbe Stufe mit ihnen; so wird kein Unrecht repariert, sondern neues Unrecht geschaffen. In den meisten liberalen Demokratien wurde dies mittlerweile verstanden. Die berühmte Ausnahme sind die Vereinigten Staaten, aber die Wirklichkeit ist auch dort komplizierter, als sie auf den ersten Blick aussieht. Zum einen hat der Oberste Gerichtshof die Todesstrafe für die gesamten USA aufgehoben, es sind nur noch einzelne Bundesstaaten, die sie anwenden – Heuchelei, gewiss, aber Heuchelei ist immerhin schon ein Indiz dafür, dass man sich schämt. Zum anderen wird die Bewegung gegen die Todesstrafe in Amerika immer mächtiger. Vieles spricht also dafür, dass die Vereinigten Staaten auf den europäischen Weg einschwenken und das schmachvolle Capital Punishment abschaffen werden.

Befürworter der Todesstrafe verweisen gern auf die Kriegsverbrecher, die in Nürnberg gehenkt wurden, und auf Adolf Eichmann, den Architekten der »Endlösung der Judenfrage«. Sie fragen: Hätte man diese Unmenschen denn am Leben lassen sollen? Nun ist es gewiss verständlich, dass man die Verbrecher nach diesem Genozid – nach dem Mord an sechs Millionen Juden, unter denen mehr als eine Million Kinder waren – töten wollte. Es ist verständlich, aber war es auch richtig? Immerhin kein Geringerer als George Orwell, wahrhaft kein Nazifreund, plädierte dafür, die Kriegsverbrecher nicht hinzurichten, um im finsteren Europa einen neuen Anfang der Humanität zu setzen. Hätte man die Nazimörder, statt sie aufzuhängen, nicht auch lebenslänglich ins Gefängnis sperren können – und hätte man die Energien, die man für ihre Hinrichtung aufwendete, nicht besser dazu gebraucht, sich um die Überlebenden aus den Konzentrationslagern und Ghettos zu kümmern? Diese freilich waren den siegreichen Alliierten eher egal.

Das Widerwärtige an einer Hinrichtung ist, dass dabei ein Wehrloser getötet wird: ein Gefangener, der seinen Bewachern und Henkern ausgeliefert ist. Möge seine Schuld noch so schwer sein – diese moralische Schmach fällt zwangsläufig auf alle zurück, die am Zustandekommen der Exekution beteiligt sind. Keine Rechtfertigung könnte sie auslöschen. Die Schmach wird auch nicht dadurch gemildert, dass bei der Hinrichtung ausgeklügelt schmerzfreie Methoden (Guillotine, Giftspritze etc.) zum Einsatz kommen – im Gegenteil, das moralische Problem wird durch diese Form der »Humanität« in ein womöglich noch grelleres Licht gerückt. Es hilft alles nichts: Die Todesstrafe bleibt ein archaisches Relikt, eine Barbarei.

ICH LIEBE WINDOWS

Schwule Grafikdesigner und Layouter in Zeitungen: Die sind entschuldigt. Die brauchen so was. Die sollen bitteschön und in Gottes Namen weiter mit Macintosh arbeiten. Denn in Wahrheit sind Computer der Firma Apple nur zu einem gut: Sie können sehr hübsch zeichnen. Alles andere funktioniert mit Windows mittlerweile besser. Und dann hat Windows noch den kleinen, aber nicht zu unterschätzenden Vorteil, dass es das universale Betriebssystem ist. Man stößt nicht alle naslang auf das Problem, dass irgendetwas einzig und allein auf Macintosh reibungsfrei läuft und mit dem Rest der Welt (95 Prozent aller Computer) nicht kompatibel ist. Glauben Sie übrigens keinem Macintosh-Benutzer, der ihnen mit treuherzigem Augenaufschlag versichert, sein Gerät sei noch nie abgestürzt. Er hat es nur vergessen. Er weiß nicht mehr, dass er erst gestern fluchend vor seinem schicken Klappdings saß, weil plötzlich überhaupt nichts mehr ging. Wie kommt es zu dieser seltsamen Vergesslichkeit? Sehr einfach: Es handelt sich bei den Anhängern von Apple um eine Sekte. Sie verehren Steve Job als ihren Hohepriester, opfern dicke Geldbündel und nehmen jedes Produkt ihrer Lieblingsfirma wie eine neue Offenbarung hin. Und wie alle Sektenanhänger leiden die Apple-Fanatiker unter eklatanten Wahrnehmungsschwächen und einem Humorproblem – das heißt, sie dulden nicht den leisesten Zweifel an ihrer Religion.

Die Nutzer von Windows sind nicht religiös. Es handelt sich um ungemein praktische Menschen: Sie wollen ein bisschen im Internet Spaß haben und fünftausend Fotos abspeichern, die sie neulich in der Lüneburger Heide geschossen haben. Kann sein, dass dies in der Frühzeit des Personal Computer technische Probleme verursacht hätte, dass es damals mit einem Macintosh also wirklich einfacher gegangen wäre. Heute ist der einzige Unterschied, dass ein Personal Computer erheblich weniger kostet. Dafür gibt es dann zwei Maustasten, eine linke und eine rechte. Und die Benutzeroberfläche sieht bei Windows entschieden klarer aus: Der ganze dumme Schnickschnack fehlt. (Bei Macintosh schwellen die Icons bekanntlich stolz an, wenn man mit dem Cursor darüberfährt – wem dabei nicht schwindelig wird!)

Zugegeben: Schön sind die Kisten, auf denen Windows läuft, in aller Regel nicht. Aber Computer sollen auch nicht schön sein, sie sollen funktionieren. Wer Kunst haben will, möge sich einen Druck von Picasso an die Wand hängen. Mit dem Geld, das er spart, wenn er kein Gerät von Apple kauft, könnte er sich das vielleicht sogar leisten.

ICH LIEBE MACINTOSH

Abstürzen: Für die Freunde, Bewunderer und Nutznießer der Marke Macintosh ist das ein Begriff, den sie vom Bergsteigen, aus der Luftfahrt und der Mythologie kennen. Unvorsichtige Alpinisten stürzen ab. Flugzeuge sind der Schwerkraft unterworfen. Ikarus kam der Sonne zu nahe, und das Wachs schmolz zwischen seinen Flügeln. Ach ja, und dann hört man gelegentlich davon munkeln, dass Personal Computer »abstürzen«. Was damit wohl gemeint sein mag? Sind die Geräte etwa nicht richtig auf dem Schreibtisch montiert und fallen sie deshalb dauernd herunter? Keine Ahnung, denn Geräte der Marke Macintosh stürzen nicht ab (was immer dieser Ausdruck auch bedeutet). Man stellt sie irgendwohin, stöpselt den Stecker in die Dose, schmeißt die Kiste an und arbeitet munter drauflos. Wie man die Dinger benutzt, erklärt sich von A bis Z selbst, denn für Macintosh galt von Anfang an eine so simple wie königliche Devise: What you see is what you get. Das bedeutet: Wie die Sachen auf dem Bildschirm erscheinen, genauso sehen sie auch später aus, wenn sie fertig sind. Der Fachterminus dafür lautet: user friendly. Auf Deutsch heißt das, dass die Macintosh-Zaubergeräte ideal für Technikmuffel aller Art geeignet sind. Es wird dem User nicht zugemutet, dass er etwas Neues lernen muss: Er darf sich kindlich freuen, dass die Arbeit mit diesen Computern an den Geist ähnlich hohe Anforderungen ste lt wie Zähneputzen, Schuhezubinden oder Naseschneuzen.

Hinzu kommt, dass die Firma Apple, die diese Zauberkisten herstellt, ganz offenbar ein Geheimnis hat. Sie steht auf mysteriöse Weise mit Zeitreisenden in Verbindung, anders ist nicht zu erklären, warum Apple der Konkurrenz immer mindestens eine Naser länge, meistens aber fünf Jahre voraus ist. Der Schrott, den die anderen produzieren, ist in dem Augenblick, wo er auf den Markt geworfen wird, immer schon veraltet – ein neuer Macintosh aber wirkt wie ein niegelnagelneues Teil aus einem Science-Fiction-Film. Selbstverständlich gilt das nicht nur für die Tisch- und Klappcomputer aus dem Hause Apple, sondern auch für so etwas wie das handliche iPhone, mit dem man telefonieren, E-Mails versenden, fotografieren, im Internet surfen und wahrscheinlich außerdem Kaffee kochen kann.

Und dann sind die Dinger auch noch wunderschön! Es ist bereits abzusehen, dass viele Apple-Produkte dermaleinst Museen zieren werden. Nein, nicht Technikmuseen, sondern Kulturtempel: Macintosh-Geräte werden einmal denselben Status genießen wie Bauhausstühle und Biedermeiersofas.

ABTREIBUNG IST MORD

CONTRA

Alle antiken Völker, mit Ausnahme eines einzigen, praktizierten die Geburtenkontrolle durch Infantizid. Diese Völker waren nicht weniger kultiviert, als wir es heute sind. Sie waren auch nicht weniger kinderlieb. Wer etwas anderes behauptet, der beleidigt die alten Griechen und Römer, die Babylonier, Perser, Inder, Afrikaner und Chinesen. Sie waren kultiviert und hatten ethische Maßstäbe und häufig eine hoch entwickelte Philosophie und Literatur. Sie fanden nur nichts dabei, Kinder zu töten.

Die Ausnahme: ein winziges Volk im Vorderen Orient, das von allen Denkern der Antike, die es kannten, bestaunt wurde. Die Juden kannten den Infantizid nicht! Sie zogen alle Kinder auf, sogar die verkrüppelten, statt sie gefesselt den wilden Tieren auszusetzen. Dafür konnte es, wie die alten Philosophen mutmaßten, nur eine vernünftige Erklärung geben: Diese Juden wollten offenbar ungeheuer kinderreich und mächtig werden. Die wirkliche Erklärung, wir wissen es, war nicht so vernünftig. Nach jüdischem Glauben hatte Gott das menschliche Leben geheiligt – jedes Leben, auch wenn es einem Krüppel oder Irren gehörte, auch wenn es das Leben des winzigsten schutzlosen Säuglings war. Die frühen Christen in ihren Katakomben, die ja nichts als Juden und ein paar Heiden waren, die Jesus für den von Gott gesandten Messias hielten, haben diesen durch keine Ratio zu rechtfertigenden Glauben an die Heiligkeit des menschlichen Lebens übernommen. Und sie haben ihn im Lauf der Jahrhunderte bis ans Ende ihrer logischen Konsequenz getrieben: Von nun an galt nicht mehr nur das geborene, sondern schon das ungeborene Menschenleben als heilig. Die römische Kirche lehrte: Mit dem Augenblick der Zeugung – diesem wunderbaren Moment, wenn sich Spermium und Eizelle vereinen – muss der Embryo denselben Schutz genießen wie ein Baby. Der Papst deutete sozusagen auf die blutige Himbeere im Mutterleib und sagte: Das da ist ein Kind.

Man kann diese radikale Haltung absurd finden. Aber sie ist nicht weniger absurd, als es der jüdische Glaube an die Heiligkeit des Lebens schon immer war. Und man muss sich darüber im Klaren sein, was daraus folgt, wenn man das ungeborene Leben zum Abschuss freigibt: Man stellt die jüdisch-christliche Grundlage der westlichen Zivilisation in Frage. »Wenn die Abtreibung erlaubt ist, dann ist im Grunde alles erlaubt«, sagte Mutter Teresa. Und sie hatte Recht: Wenn das Schutzloseste, was es gibt, getötet werden darf, dann ist kein Argument mehr denkbar, warum man nicht alle töten sollte, deren Meinung oder Nase einem nicht passt oder deren Geld man haben will.

ABTREIBUNG IST KEINE SÜNDE

Gewiss kann man schon einen Embryo im Frühstadium als Kind bezeichnen. Man kann ja auch eine Eichel einen ausgewachsenen Baum oder ein Ei ein Küken nennen. Aber eine Potenzialität ist noch lange keine Realität – etwas, aus dem möglicherweise etwas anderes wird, ist mit diesem Anderen keineswegs identisch. Das jüdische Religionsgesetz schafft hier Klarheit. Bis zum vierzigsten Tag nach der Empfängnis, so steht es im Talmud, gilt die befruchtete Eizelle im Mutterleib »wie Wasser«. (Dies entspricht dem natürlichen Prozess: Wenn bei der Frau zweimal die Regel ausbleibt, kann man sicher sein, dass in ihrem Bauch ein Kind wächst.) Danach gilt der Fötus als Person – aber noch nicht ganz; gleichzeitig muss er wie ein Teil des Körpers der Mutter betrachtet werden. Gefährdet der Fötus beim Geburtsvorgang das Leben der Mutter, liegt auf ihm ein »din rodef«, das heißt: Er ist in diesem tragischen Fall ein »Verfolger«, der einen anderen Menschen mit tödlicher Gewalt bedroht. Erst mit dem Moment der Geburt, wenn der Säugling seinen Kopf aus dem Mutterleib schiebt, wird er zum Menschen mit allen Rechten und Pflichten. Unser Alltagsverstand sagt uns nichts anderes.

Wenn ein Säugling stirbt, tragen wir ihn in einem kleinen Sarg feierlich zu Grabe – wir spüren deutlich, dass eine Person ums Leben gekommen ist. Aber wenn eine Frau einen natürlichen Abortus hat, erweisen wir ihrem Embryo nicht die letzte Ehre, und das hat nichts mit Herzlosigkeit zu tun. Übrigens war auch die katholische Kirche nicht immer der Meinung, das menschliche Leben beginne im Augenblick der Zeugung: Kirchenvater Augustinus etwa vertrat noch die Vierzig-Tage-Regel, die wir von den Juden kennen.

Heute aber führt die römische Kirche einen Propagandafeldzug, bei dem sie nicht einmal vor geschmacklosen Gleichsetzungen der Abtreibung mit dem Holocaust zurückschreckt. Es handelt sich um dieselbe Kirche, die in der Vergangenheit selten Skrupel hatte, Waffen für Kriege zu segnen; dieselbe Kirche, die den Schulterschluss mit Diktatoren wie Franco oder Salazar suchte. Jene Mutter Teresa, die Abtreibungen für die Wurzel alles Bösen in der Welt hielt, fand nichts dabei, für das blutige (und katholische) Duvalier-Regime auf Haiti zu werben.

Warum also der moralische Furor? Die simpelste Antwort ist hier die beste: Durch das absolute Verbot der Abtreibung hofft die Kirche, ihre Kontrolle über die Frauen aufrechtzuerhalten. Denn wenn Frauen selbst darüber bestimmen, ob sie ihre Leibesfrucht austragen wollen oder nicht, gewinnen sie Autonomie. Und das kann einer Männerinstitution wie der Kirche nicht gefallen.

AUF DEN HUND

Hunde sind die besseren Menschen. Sie verraten ihr Herrchen beziehungsweise ihr Frauchen nie; sie sind bis ins hohe Alter auf ganz und gar unschuldige Weise verspielt; und wenn sie sich schwanzwedelnd über etwas freuen, dann lauert hinter der Freude keine Arglist. Niemals würden sie so tief sinken, Zuneigung vorzutäuschen, um Nahrung zu erbetteln, wie dies Katzen tun, wenn sie maunzend um menschliche Hosenbeine streichen. Hunde sind ausgesprochen unterhaltsam. Manchmal stellen sie sich herrlich tolpatschig an, etwa wenn sie versuchen, einen Baum zu apportieren, der vom Sturm gefällt wurde. Es ist völlig aussichtslos, aber sie probieren es trotzdem immer wieder und nehmen es nicht krumm, wenn man sie kräftig auslacht. Dabei schauen sie ihr Herrchen oder Frauchen mit großen braunen Augen an.

Hundehalter sind starke, ausgeglichene Menschen, im Gegensatz zu Katzenliebhabern, die häufig einen Stich ins Neurotische haben. Es ist kein Zufall, dass amerikanische Bestsellerautoren sich am liebsten mit ihren Golden Retrievers, dänischen Doggen und Schäferhunden ablichten lassen: Das Foto von Herr und Hund auf dem Cover signalisiert Erfolg. (Ein Bild mit Katze hätte nicht diesen Effekt, es wäre nur niedlich.) Es ist nun aber nicht so, dass nur großformatige Hunde zählen. Keineswegs! Auch Pudel und Rauhaardackel haben ihren festen Platz im Schöp-

fungsplan. Es handelt sich sogar um besonders liebens-
würdige Tiere, und wer sie an langer Leine spazieren führt,
beweist Geschmack und Charakter.

FÜR DIE KATZ

Katzen sind die besseren Hunde. Sie bellen nicht; sie
stinken nicht; sie säubern sich und haben nicht den
blödsinnigen Instinkt, immer wieder ihr Revier zu mar-
kieren. Sie sind nicht auf hündische Weise ergeben, sondern haben Eigensinn, aber wenn man einmal die Zuneigung einer Katze gewonnen hat, dann hält sie sieben
Leben lang – und man darf sich gehörig etwas darauf
einbilden. Katzen spielen nicht mehr, wenn sie das Kin-
desalter hinter sich gelassen haben, dafür sind sie aber
weise. Ihre Augen glühen im Dunkeln. Man kann stumm
Zwiesprache mit ihnen halten, und Katzen sind nicht zu
vornehm, sich am Bauch kraulen zu lassen, sobald sie
die Welträtsel gelöst haben.

Hundehalter sind tendenziell immer Diktatoren: Es
bereitet ihnen Vergnügen, schnelle, scharfe Befehle
auszustoßen und zu beobachten, wie ihr vierbeiniger
Freund springt, um die Befehle auszuführen. Katzenlieb-
haber sind Anarchisten. Ihnen gefällt, dass das Fellbün-
del, mit dem sie ihr Leben teilen, sich nichts sagen lässt.
Sie genießen das Zusammentreffen zweier freier Geister, von denen freilich – unfairer Vorteil! – nur einer
weiß, wie die Kühlschranktür aufgeht und wie man die
Dose mit Katzenfutter öffnet. Der andere freie Geist aber

weiß, was der Sinn des Lebens ist und verrät es mit jeder geschmeidigen Bewegung seiner samtenen Glieder. Haben wir schon erwähnt, dass Katzen ungeheuer schöne Geschöpfe sind? Kein Wunder, dass die alten Ägypter sie wie höhere Wesen verehrten. Als Gott sie entwarf, muss er einen guten Tag gehabt haben.

WIR BRAUCHEN MEHR YIN

Die Welt wird zu einem immer perfekter durchrationalisierten, immer besser verwalteten Ort: Die dröhnenden Kräfte des Fortschritts gehen bei hellem Tageslicht über das Gewachsene und Tradierte hinweg. Die Metaphysik gerät in Verruf oder gleich in Vergessenheit, die Menschheit interessiert sich nur noch für Materielles: für nüchterne Daten und Fakten. Die verschlungenen, interessanten Pfade werden zugeschüttet – über sie hinweg baut man langweilige Schnellstraßen. Das klinische Weiß ist zur vorherrschenden Farbe geworden: Die Zeit rast immer ungehemmter vorwärts, sie zerstört im Fluge alles Alte, statt ihm sein Recht zu lassen. Es geht aufwärts, gnadenlos aufwärts ohne Pause, als wäre die Menschheit auf einer kollektiven Reise zum Nordpol unterwegs. Die Sonne scheint, und die Banner flattern im Wind, der sinnlos in die Zukunft weht.

WIR BRAUCHEN MEHR YANG

Es gibt zu viel Irrationalismus in der Welt: Die dunklen Kräfte sammeln sich in aller Stille, verknöcherte Traditionen setzen den Kräften des Fortschritts erbitterten Widerstand entgegen. Tout le monde schwätzt von Metaphysik oder Mystik, keiner weiß mehr die Errungenschaften der Naturwissenschaft zu schätzen. Die Menschen scheinen die krummen, gewunderen Touren zu schätzen, während sie das Ordentliche und Gerade verschmähen. Da fällt es schwer, nicht völlig schwarz zu sehen: Die Zeit bewegt sich im Kreis, statt zu Neuem voranzuschreiten, alles Vergangene, Reaktionäre, Abgelebte kehrt wieder. Es geht abwärts, abwärts ohne Rettung und Gnade auf dem allgemeinen Selbstmordtrip zum inneren Südpol unserer Gattung. Das sind trübe Tage; sämtliche Himmel sind wolkenverhangen.

Sexuelle
Ausschweifungen

HÄSSLICHE MENSCHEN
SIND BESSER IM BETT

Pubertätspickelige Knaben, die noch nie von zarter Frauenhand berührt wurden, träumen nachts unter der Bettdecke von blond gelockten Wesen mit Engelsgesichtern und der Oberweite einer Sophia Loren. Für unerfahrene Mädchen gilt im Prinzip dasselbe: Sie hängen sich Fotos von Jünglingen an die Wand, die allesamt wie Johnny Depp aussehen. Ist der Pubertätsrausch vorüber, pflegt es diesen Idealvorstellungen so zu gehen wie noch jeder Kriegsplanung in der Geschichte der Menschheit – sie überleben die erste Feindberührung auf dem Schlachtfeld nicht. Soll heißen: Die jungen Männer greifen dann doch schüchtern anstelle der Angebeteten nach einer Britta mit Karottenhaar und Zahnspange, und die Mädels verknallen sich hoffnungslos in einen x-beinigen Typen mit Brille, der Martin heißt – egal, von wem sie in Wirklichkeit träumen.

Sobald der Connaisseur in die Jahre kommt, versteht er aber, dass überhaupt nur hässliche Menschen ernsthaft als erotische Gespiele in Betracht kommen. Damit hat es folgende Bewandtnis: Männer, die von der Natur nicht mit übermäßig tollem Aussehen gesegnet wurden, geben sich einfach mehr Mühe. Davor versprühen sie Charme, Geist und Witz, weil sie sich anhand eines steil emporgereckten Fingers ausrechnen könnten, dass sie sonst nie an Land kommen würden. Bei der Sache selbst beweisen sie Zärtlichkeit und erstaunliches technisches Geschick, denn das ist ihre einzige Chance, demnächst wieder bei derselben Dame zu landen. Hinterher drehen sie sich keineswegs um und fallen in schnarchenden Tiefschlaf, sondern verteilen kiloweise Streicheleinheiten. Analog lässt sich auch über Damen, die nicht den Eindruck erwecken, als habe man sie gerade eben aus Kalifornien eingeflogen, nur Vorteilhaftes berichten. In der Flirtphase geben sie sich freundlicher, umgänglicher, netter als die Hübschen. Im Liebesspiel erlebt man sie meist genussfreudig, hemmungslos und vulkanisch. Hinterher kann man prima mit ihnen zusammenleben: Sie nörgeln so gut wie nie, außerdem besteht kaum Gefahr, dass ein Rivale sie verführen wird. Die anderen Männer haben ja keine Ahnung, was für einen Schatz man da bei sich zuhause verbirgt.

Eigentlich ist dies eine Wahrheit, die längst und allgemein bekannt sein sollte. Aber unsere oberflächliche Welt, die bekanntlich von den Kräften des Marketing beherrscht wird, begräbt sie unter einer dicken bunten Lüge. Von jeder Reklamewand lächeln uns Blondinen mit Riesenmelonen ihr Zahnpastalächeln entgegen, in jeder Fernsehwerbung lassen Leni-Riefenstahl-Athleten ihre Brustmuskulatur zucken. So entsteht der irrige Eindruck, die normalhässlichen Normalsterblichen, wie sie uns jeden Tag auf der Straße entgegenkommen, hätten kein Sexualleben; womöglich wird sogar der Trugschluss gefördert, sie hätten kein Anrecht darauf. Darum soll hier für sie alle (wenn der Ausdruck in diesem Zusammenhang gestattet ist) eine *Lanze gebrochen* werden: für die Flachbrüstigen, Glatzköpfigen, Dickleibigen, für die mit den schiefen Zähnen und Hängeschultern, für jene mit den Riesenzinken im Gesicht – und für alle Plattfüßigen sowieso. Steigt der Mond am Himmel über Soho empor und fängt die Mandoline an zu zirpen, kann man mit den Hässlichen dieser Erde sein tiefdunkelblaues Wunder erleben

SCHÖNE MENSCHEN SIND BESSER IM BETT

Es gibt eine Wahrheit, die aus Gründen de‾ moralischen Korrektheit selten ausgesprochen wird, aber sie ist durch Statistiken und soziologische Untersuchungen tausendfach belegt: Schöne Menschen haben es leichter im Leben. Sie werden öfter befördert, genießen größeres Ansehen, werden schneller berühmt. Vor allem aber haben sie mehr Gelegenheit, den Freuden des Sexuallebens zu frönen. Während jene Armen, die von der Natur benachteiligt wurden, zuhause sitzen und sublimieren (also Gedichte schreiben oder Bürointrigen spinnen), können sich die Schönen vor erotischen Angeboten gar nicht retten. Hier aber gilt das unbarmherzige deutsche Sprichwort: Wer hat, dem wird gegeben! Denn die Schönen sammeln dadurch, dass sie ständig in allen Lebens- und Liebeslagen aktiv sind, das, worauf es in der Sexualität vor allem ankommt – Erfahrung. Sie wissen genau, was, wann, wo und nicht zuletzt: wie. Anders und einfacher gesagt, sie sind eine Wucht. Die schönen Männer – die mit den Lächelfalten à la Hugh Grant, den zarten und doch zupackenden Händen, der George-Cloony-Rückansicht –, die schönen Männer also wurden durch tausendundeine Nacht belehrt, wie man noch auf die verschwiegensten Wünsche eingeht. Die schönen Frauen wiederum – die mit den dunkelklugen Augen, aus denen Humor blitzt, den sinnlich gepolsterten Lippen und der Rückansicht von Catherine Zeta-Jones –, die schönen Frauen also wissen genau, an welche Lunten man Feuer legen muss, damit ganz tief im Inneren lauter knallbunte Raketen explodieren.

Noch einen zweiten Vorteil hat die Intimität mit schönen Menschen: Da sie sich nie anstrengen müssen, um andere Leute ins Bett zu kriegen – da sie ja eher Energie aufwenden müssen, um zu verhindern, dass sie jede Nacht in einem anderen Schlafzimmer aufwachen –, können sie die Sache völlig gelassen sehen. Das heißt, ihren Bemühungen fehlt das Krampfhafte, das es bei Hässlichen unweigerlich hat. (Im Grunde handelt es sich eben nicht um Bemühungen.) Beim Flirten sind sie locker, stilsicher und geradlinig. Zwischen den Laken können sie es sich leisten, unendlich viel Zeit zu haben: Die Männer sind nicht körperseelisch ausgehungert, also machen sie sich nicht über die Frau her, als hätten sie gerade eben den Sexualkundeatlas für die Realschuloberstufe auswendig gelernt. Und die Frauen haben Muße, zwischendurch am Champagner zu nippen oder – nach dem Vorbild der klassischen Kurtisanen – den einen oder anderen unanständigen Vers von Catull zu rezitieren.

Wenn wir über den dritten Grund sprechen, warum sich erotische Aktivitäten eigentlich nur mit Schönen befriedigend gestalten, streifen wir die Gefilde des Peinlichen; aber in einer offenen Diskussion darf kein sachdienliches Argument verschwiegen werden. Also, frei heraus: Wir alle – ausnahmslos! – sehen beim Geschlechtsverkehr ziemlich lächerlich aus. Würde man mit der Visage, die man dabei zieht, in der Straßenbahn erwischt – die anderen Fahrgäste hätten jeden Grund, indigniert den Wagen zu wechseln. Mutter Natur lässt uns hier fürs Vergnügen mit einer ästhetischen Zumutung bezahlen. Erträglich wird der Anblick nur, wenn man es mit einem schönen Menschen treibt.

MEHR ROMANTIK BEIM LIEBESAKT, BITTE

Mögen die Verfasser von Ratgeberbüchern auch tapfer das Gegenteil behaupten: Guter Sex ist vor allem eine Frage der Harmonie. Die beiden Menschen, die Liebe machen, müssen zusammenpassen, und Körper und Geist müssen sich bei jedem von ihnen im Einklang befinden. Philosophisch kann man es vielleicht so ausdrücken: Zwei Seelen wollen zueinander finden. Da es Seelen in dieser stofflichen Welt nur in Form von Körpern gibt, bedienen sie sich ihrer sieben Sinne, um ihre Liebe zueinander auszudrücken: mit Streicheln und Küssen und allem, was dazugehört. Wo aber Liebe nicht ist, gibt es keine Harmonie. Und ohne Harmonie kann man sämtliche Stellungen des Kamasutra durchturnen – es wird trotzdem kein guter Sex daraus, denn im Herzen bleibt es eine kalte Angelegenheit.

Wenn aber die Seelenharmonie gegeben ist, kann man ein paar Dinge tun, um es noch schöner zu machen. Guter Sex beginnt ja nicht im Bett. Er beginnt mit einem Lächeln am Morgen, einer Hand, die tagsüber durchs Haar wuschelt oder eine Sekunde zu lang auf einer Schulter liegenbleibt; er beginnt mit einem ironischen Heben der Augenbrauen, einem Zungenkuss, der mit auf den Weg gegeben wird, einer zärtlichen, ins Büro nachgesendeten E-Mail, einer Tafel mit der Lieblingsschokolade, die man unverhofft in der Manteltasche findet, weil die Liebste sie dort hineingesteckt hat. Guter Sex beginnt mit Shampoo, das man beim gemeinsamen Duschen in die geliebten dunklen Locken massiert, mit einer Massage nach einem viel zu langen Arbeitstag, bei der die Hände sich irgendwann nicht mehr von der Gänsehaut lösen wollen, mit Streicheln über Weiches und Eckiges, mit Hinschauen und Wegschauen und Kichern und Seufzen. Junge Menschen haben ihn, alte Menschen haben ihn. Dicke und Dünne. Konservative und Kommunisten. Hässliche und Schöne. (Wobei die Hässlichen, die es tun, einander dabei für die schönsten Menschen überhaupt halten. Und das Erstaunliche: Sie sind es auch.) Es ist gar nicht verkehrt, zur Feier dieses Wunders eine Kerze anzuzünden.

FÜR MEHR SEXUELLE SPORTLICHKEIT

Da hilft kein Drumherumreden: Guter Sex ist vor allem eine Frage technischer Fertigkeiten. Männer müssen verstehen, an welchen Körperregionen der Frau sich die Nervenenden zu Lustzentren bündeln, Frauen wiederum müssen begreifen, dass sie mitunter ruhig auch etwas beherzter zupacken dürfen. Et cetera. Noch so große Liebe hilft nicht, wenn der Herr das nötige Fingerspitzengefühl vermissen lässt; noch so tiefe Gefühle sind nutzlos, wenn die Dame sich zaghaft und ungeschickt anstellt. Hier gilt es, sich handfeste Kenntnisse anzueignen. Im Grunde ist das Ganze nicht romantischer als eine Führerscheinprüfung: Es gibt einen theoretischen Teil – man muss gelernt haben, wie man scharfe Kurven nimmt, muss memoriert haben, wo die Stoppschilder und wo die Umleitungen sind. Noch wichtiger ist der praktische Teil: Es gilt, den Schlüssel in der Zündung umzudrehen, den Schaltknüppel umzulegen und – höchste aller Künste – rückwärts einzuparken.

Guter Sex ist außerdem eine Frage der körperlichen Fitness. Es gilt nicht als comme il faut, auf diesem Punkt – wie sagen wir das jetzt? – herumzureiten. Aber auch Moralapostel werden zugeben müssen, dass man sich dabei physisch betätigt. Nun sind wir Menschen keine Springmäuse, bei denen nach ein paar Sekunden wilden Hin- und Hergeruckels alles vorbei ist; manchmal wird über Stunden hin schweißtreibend-keuchender körperlicher Einsatz gefordert, und derjenige, der über die nötige Kondition verfügt, befindet sich eindeutig im Vorteil. Frauen haben schon Recht, wenn sie Männer mit Waschbrettbauch bevorzugen, nicht nur aus ästhetischen Gründen. Der flache Bauch, die jungenhaften Hüften, die breiten Schultern deuten stärkstens darauf hin, dass hier Muskeln im Spiel sind: Dieser Mann wird also nicht schon nach einer Viertelstunde japsend zur Seite kippen. Umgekehrt beweist jener Mann sexuellen Geschmack, der die athletische Biene mit der schmalen Taille zu einem frivolen Drink in seine Wohnung einlädt.

Wenn sie mit ihm fertig ist, wird auch er wunderbar fertig sein.

IN DER SAUNA GUCKEN IST VERWERFLICH

Die Sauna ist keine Peepshow. In die Sauna geht man nicht, weil man begafft werden möchte, sondern um auf Holzbänken zu sitzen, während einem wohlig und reinigend der Schweiß aus den Poren rinnt. Dies gilt insbesondere für hübsche junge Frauen mit wippendem Busen: Der Zweck ihres Aufenthaltes ist es nicht, den geilen Opas dortselbst zu Stielaugen zu verhelfen. Für die andere Seite der Geschlechterbarriere gilt: Stramme Jungs suchen dies Etablissement keineswegs auf, damit der Blick frustrierter Hausfrauen wohlgefällig auf ihrem Hinterteil ruhe. Erotik ist gut und schön, wo sie ihren Platz hat. In der Sauna hat sie keinen Platz: Dieser Ort dient der Gesundheit und Erholung, nicht dem Flirt. Im Idealfall sollte die Sauna erotisch so anziehend wirken wie das Wartezimmer eines Internisten.

Gewiss, man ist dort nackt. Das lässt sich leider nicht vermeiden. Aber man kann ja wenigstens so tun, als sei man angezogen, und dem Lichtkegel der Augenscheinwerfer energisch »Stopp!« befehlen, sobald er sich dem Schlüsselbein nähert. Das ist auch vom männlichen Teil der Bevölkerung nicht zu viel verlangt. Dieser hat allerdings mit seiner hormonellen Programmierung zu kämpfen: Männerpupillen rutschen wie von selbst abwärts, sie möchten mit Gewalt die zwei bewussten Schwellungen in Augenschein nehmen, auch wenn das Gehirn dazwischenfunkt, dass es sich doch nur um Fettgewebe handelt, und sie drängen danach, zu überprüfen, ob dort unten das Feigenblatt auch richtig sitzt. Nichts da! Wozu wären sonst ca. viertausend Jahre Monotheismus und Kulturentwicklung gut gewesen? Damen gucken bekanntlich dezenter. Deswegen sollte es ihnen auch leichter fallen, ihrem angeborenen Voyeurismus die Zügel anzulegen.

Wenn alle sich darauf verständigen, die Erotik draußen zu lassen, kann die Sauna das werden, was sie eigentlich sein sollte, ein Hort der Unschuld. Bekanntlich wussten unsere Ureltern im Garten Eden nicht einmal, dass sie nackt waren. Erst nach dem Sündenfall brachen sie Äste vom Feigenbaum, um ihre Blöße zu bedecken, und Gott selbst wurde zum ersten Schneider und machte ihnen Kleider. Wenn wir diese Kleider heute von uns werfen, dann um in den paradiesischen Urzustand zurückzukehren. Wir wollen nicht gieren und glubschen, schon gar nicht geifern und grabschen. Sondern hübsch still sitzen und schwitzen.

WER IN DER SAUNA NICHT GUCKT, IST UNCHARMANT

PRO

In der Sauna treiben sich nicht nur Filmstars herum. Die Wahrscheinlichkeit, dass man Matt Damon oder Bruce Willis, Sharon Stone oder Angelina Jolie über den Weg läuft, ist eher gering. Man sieht dort also nicht nur Männer mit breiten Schultern, schmalen Hüften und flachen Bäuchen, nicht nur Frauen mit Traumfiguren, sondern ziemlich gewöhnliche Leute: hier ein Hängebusen, dort eine Operationsnarbe, dicke Waden und so mancher Plattfuß. Trotzdem sind die meisten dieser Körper schön, jeder auf seine ganz eigene Art. Gewiss, im Kino oder auf dem Laufsteg wird man dergleichen nie zu Gesicht bekommen, aber soll man die stolzen Inhaber der Hängebusen und Operationsnarben deshalb etwa ignorieren? Am Ende bekommen diese armen Menschen noch Komplexe! Schon aus Rücksicht auf die zarte psychische Gesundheit der anderen Saunagänger, die Schaden nehmen könnte, wenn man sie wie Luft behandelte, schulden wir es ihnen, sie ein wenig anzustarren. Von Fall zu Fall mögen sogar anerkennende Pfiffe durch die Finger angebracht sein. Auch die Damen mögen sich dabei keine falsche Zurückhaltung auferlegen!

Das Gesagte könnte zu dem Fehlschluss verleiten, unsere Aufmerksamkeit dürfe sich allein den älteren Jahrgängen und den Übergewichtigen zuwenden, während wir die schlanken Saunanixen und die athletischen Götter des Dampfbades geflissentlich zu übersehen hätten. Es ist aber jede Form der Diskriminierung abzulehnen, sogar dann, wenn sie sich gegen die von der Natur Privilegierten richtet. Auch die Jugendschönheit hat Rechte, auf die sie pochen kann. Und auch die Flotten und Heißen haben verdient, dass man sie in der Sauna mit Blicken streichelt. Soll denn die Mühe umsonst gewesen sein, die sie aufgewendet haben, um sich gesund zu ernähren und die überflüssigen Pfunde von der Seele zu strampeln?

Im Grunde geht es nicht um das Ansehen der Person (Statussymbole zählen in diesem Ambiente sowieso nicht). Es geht ums biologische Prinzip: Eine Frau, die nackte muskulöse Männerrückansichten nicht zu würdigen weiß, vernachlässigt ihre weiblichen Pflichten. Und ein Mann, der von seiner Holzbank aus nicht tief ins »vielfach gefältelte Schatzkästlein der Vagina« schaut, ist schlicht uncharmant. Sublimieren können Sie auf Cocktailparties. Hier geht es ums Allgemeinmenschliche, und das bleibt keinem erspart.

ARGUMENTE FÜR DIE POLYGAMIE

Seien wir ehrlich: Nur selten kommt es vor, dass eine Frau sämtliche Ansprüche erfüllt, die ein Mann an sie stellt. Was heißt hier selten? Eigentlich nie. Da gibt es jene, die wir lieben, weil ihr erotischer Magnetismus unserem Blut alles Eisen entzieht, so dass unsere Knie weich werden und wir vor ihnen niedersinken; da sind die anderen, bei denen uns mehr die Häuslichkeit anspricht, von denen wir uns also rundum versorgt fühlen, wie ein Säugling, der regelmäßig an die Brust gelegt wird und seine Windeln gewechselt bekommt. Da sind drittens die Frauen, mit denen wir uns nächtelang über Proust und die Eifersucht unterhalten wollen, weil ihre Intellektualität uns verzaubert, bis unsere Hände den Weg in ihre verbotenen Zonen finden; da sind endlich die Fröhlichen, die uns mit ihrem Gelächter daran erinnern, dass die Lage zwar hoffnungslos sein kann, aber nie ernst. Doch, wie schon erwähnt, zu einer einzigen Person fügen sich diese Qualitäten kaum zusammen – und wie denn auch? Es handelt sich ja um Eigenschaften, die einander schreiend widersprechen.

Der Heuchler wird damit fertig, indem er eine von den vieren heiratet – meistens die Häusliche – und sie dann nach Strich und Faden betrügt: Am Anfang meist mit der Erotischen, dann mit der Intellektuellen, zuletzt mit der Fröhlichen, und dann pflegt die Ehefrau die Händierechnung zu überprüfen, woraufhin sie die Scheidung einreicht. So stehen sie furchtbar dumm da: der von allen guten Geistern (und Körpern) verlassene Ehemann – denn die Fröhliche will ihn ja am Ende doch nicht –, aber auch die vier Frauen, denen die ganze Geschichte nichts als Kummer gebracht hat. Der Ausweg liegt auf der Hand. Man müsste eine gesellschaftliche Einrichtung rehabilitieren, die vom Christentum in einem Anfall grober Fahrlässigkeit abgeschafft wurde: die Polygamie. Beinahe alle anderen Kulturen kennen und praktizieren die Vielweiberei – welche europäische Überheblichkeit verführt uns dazu, die christliche Praxis für die einzig wahre zu halten, obwohl sie sich historisch nicht bewährt hat? Wie viele Tragödien, wie viele Rosenkriege, wie viele Axtmorde könnten wir uns durch die Wiedereinführung der Polygamie sparen! Und anders, als ein paar besonders verstockte Feministinnen behaupten, werden dabei keineswegs nur die Bedürfnisse des Mannes befriedigt, die Frauen haben auch etwas davon: Nichts verwehrt den vier Damen – der Häuslichen, der Erotischen, der Intellektuellen und der Fröhlichen –, enge Freundschaft zu schließen. Über kurz oder lang werden sie feststellen, dass es ihnen gemeinsam noch besser gelingt als jeder Einzelnen, den Herrn Gemahl um den Finger zu wickeln.

Zuletzt sei festgehalten, dass es kein gutes juristisches Argument gegen die Polygamie gibt. Schließlich wird in vielen westlichen Ländern derzeit die Ehe zwischen schwulen oder lesbischen Paaren eingeführt. Wenn aber das Geschlecht der Ehepartner nicht interessiert, warum sollte dann etwas so Äußerliches wie ihre Anzahl eine Rolle spielen?

ARGUMENTE GEGEN DIE POLYGAMIE

In Märchen gibt es häufig eine absurde Regel, die man auf keinen Fall brechen sollte, weil sonst alles in Schutt und Ruin fällt. Etwa: Du darfst von dem großmächtigen Dschinn nicht verlangen, dass er dir das Ei des Vogels Roch in die Kuppel deines Schlosses hängt. Oder: Du darfst nach Mitternacht nicht in den verwunschenen Wald gehen, und vor allem darfst du dort kein Wort sprechen. Die Urform all dieser absurden Märchenregeln steht natürlich in der Bibel: Gott verbietet dem ersten Menschenpaar, den Apfel vom Baum der Erkenntnis des Guten und Bösen zu essen. Die Strafe für die Übertretung des Verbots war drastisch – Vertreibung aus dem Paradies, Arbeit, Mühsal, Tod.

Mit der menschlichen Sexualität verhält es sich just so wie im Märchen. Es gibt keinen einsichtigen Grund für das Verbot, es mit mehr als einer Frau zur gleichen Zeit zu treiben, aber wenn man es doch tut, verweht der Zauberbann augenblicklich – das Schloss des guten Lebens löst sich mit all seinen Zinnen und Rokoko-Türmchen in Luft auf. Das liegt nicht daran, dass die Sexualität etwas Schmutziges wäre. Das ist sie nicht; aber die Sexualität ist eben auch nichts, womit man auf Dauer leichtsinnig umgehen könnte. Wir haben es nicht mit Feuerwerkskörpern, sondern mit Dynamitstangen zu tun. Die Sexualität ist die reine Wucht, und wer da glaubt, er könne sie von seinen anderen Gefühlen, von der Liebe etwa, trennen und seine Lust auf verschiedene Frauen aufteilen, der wird verblüfft feststellen, dass die dunkelsten Leidenschaften explodieren, bis von seinem Lebensentwurf nicht einmal mehr der Grundriss steht. Am Ende bleibt nichts übrg als Bitterkeit, kleinliches Geldgezänk und Gerangel um gemeinsame Kinder. Die Einführung der Polygamie würde über all dies nur den institutionellen Deckel stülpen, aber das wahre Problem wäre dadurch keineswegs gelöst. Vermutlich fiele die Explosion sogar noch heftiger aus, wenn sie im Hexenkessel der Vielweiberei stattfände. Wir alle haben nun einmal den tiefen Wunsch, für einen Menschen – einen Einzigen! – der Wichtigste auf der Welt zu sein. Das ist der Garten Eden für jeden Adam und jede Eva, und nur die böse Schlange zischt uns zu, erst jenseits des Paradieses fänden wir unser Glück. Wer aber die monogame Liebe für eine Eigentümlichkeit des europäischen Kulturkreises hält, der möge einmal überlegen, warum romantische Liebesromane ausgerechnet in Gesellschaften, wo die Polygamie herrscht, verschlungen werden wie warme Semmeln.

Die Verfechter der Vielehe behaupten, den einzig wahren Liebespartner fürs Leben gebe es ohnehin nicht, also solle man aufhören, ihn zu suchen; die Realität ist einfacher und komplizierter zugleich. In der Wirklichkeit gibt es die ideale Frau oder den idealen Mann tatsächlich nicht, und wir begnügen uns dann halt mit dem bestmöglichen Ersatz. Aber dadurch, dass wir mit ihm vorlieb nehmen, verwandelt sich der Ersatzmensch allmählich in das vergeblich gesuchte Ideal. Und das ist der geheimnisvolle Zauber, der – wie im Märchen, wie in der Bibel – nicht gebrochen werden darf.

ZU MIR

Wenn wir zu mir gehen, wirst du in meine kleine Welt eintauchen. Nachdem ich den Schlüssel im Schloss meiner Wohnungstür herumgedreht habe, wirst du das Foto meines Vaters an der Wand sehen, dem ich wie aus dem Gesicht geschnitten bin. Du wirst mit deinen Blicken die Buchrücken in den Regalen streifen, die mir so vertraut, dir aber ganz neu sind. Vielleicht wirst du denken: Der liest aber viele Krimis – oder: Aha, dieser Typ mag P. G. Wodehouse, der gefällt mir! Aber vielleicht kennst du Wodehouse auch gar nicht (schade), oder es ist dir egal, was für Bücher bei einem Mann herumstehen, mit dem du dich näher einlässt (tja).

Wenn wir zu mir gehen, werde ich den Weißwein aus dem Kühlschrank holen, den ich vor einem halben Jahr geschenkt bekommen habe – einen Chardonnay von den Golanhöhen –, und in langstielige Gläser füllen. Du wirst denken, dass meine Küche sauber aufgeräumt ist, überhaupt wird dir auffallen, dass ich eher zu den ordentlichen Menschen als den Chaoten gehöre. Was du dabei nicht weißt: dass ich mir, schon seit ich dem Studentenalter entwachsen bin, eine Putzfrau leiste, die einmal pro Woche bei mir aufräumt und staubsaugt und bügelt.

Wenn wir zu mir gehen, werde ich dich fragen, ob du Jazz magst; und wenn du ja sagst, lege ich eine CD von Billie Holiday auf, weil mir sofort sanft und weh ums Herz wird, wenn ich ihre mädchenhafte Stimme höre. Wenn du keinen Jazz magst, haben wir ein Problem. Vielleicht müssen wir ganz auf Musik verzichten. Im schlimmsten Fall hole ich meine Gitarre aus dem schwarzen Gitarrenkasten und spiele dir – drrrrrrrmmm! – etwas Spanisches vor, denn Strafe muss sein.

Wenn wir zu mir gehen, bringe ich dir am Morgen danach das Frühstück ans Bett, denn schließlich bin ich gut erzogen. Ich stehle mich frühmorgens zwischen den Laken hervor, kaufe Croissants in wilden Mengen, koche dir ein Viereinhalb-Minuten-Ei und stelle auch noch ein Glas Orangenmarmelade aufs Tablett. Nur Kaffee bekommst du bei mir nicht, weil ich ein überzeugter Teetrinker bin.

ZU DIR

Wenn wir zu dir gehen, schnuppere ich schon im Korridor dein Parfum: diesen Duft aus Haut, Haaren, Stiefelleder und Chanel No. 5, der mir schon den ganzen Abend leicht um die Nase weht – aber in deiner Wohnung rieche ich dein Parfum in konzentrierter Form, ich atme es in vollen Zügen ein. Und plötzlich begreife ich, dass ich ein Astronaut bin, zu Gast auf einem fernen Stern. Die Atmosphäre hier ist aus ganz fremden Gasen zusammengesetzt, und nur durch eine Gnade der Natur bin ich überhaupt fähig, hier ohne Raumhelm zu atmen. Und ich kapiere, dass das immer so bleiben wird, auch wenn wir beschließen sollten, nach dieser Nacht zu heiraten. Und trotz meiner Erregung schaudere ich ein wenig, aber nur ein wenig.

Wenn wir zu dir gehen, werde ich das Plakat von dem internationalen Tangofestival in Paris sehen, das an deiner Schlafzimmertür klebt. Ich werde mir vorstellen, wie du durch Tanzsäle wirbelschwebstolzierst und anderen Männern im Arm liegst, und eine dumme Sekunde lang wird mir – mir, der ich gar nicht tanzen kann! – die Schlinge der Eifersucht um den Hals liegen, und die Falltür wird unter meinen Füßen ins Bodenlose aufklappen. Aber dann wird es gleich wieder gut sein.

Wenn wir zu dir gehen, wirst du mich nicht lang nach meinem Musikgeschmack fragen, sondern gleich eine CD von Billie Holiday in den CD-Player schieben, und dann wirst du dich zu mir auf dein grellrotes Sofa kuscheln. Und ich werde denken: Das ist aber ein hässliches Sofa, aber laut sagen werde ich es selbstverständlich nicht, weil ich viel zu beschäftigt mit interessanteren Dingen sein werde.

Wenn wir zu dir gehen, werde ich morgens um fünf aus dem Schlaf der Vernunft hochschrecken, der Ungeheuer gebiert, und mich fragen, wie ich in dieses Bett komme. Und wenn ich es vergessen habe oder mir die Antwort nicht gefällt, werde ich leise, ganz leise meine Siebensachen zusammensuchen, die Schuhriemen schnüren und sacht beim Hinausgehen die Tür hinter mir zuklicken lassen, die in dein Leben führt.

Anstelle eines Nachwortes

ZWEI REZENSIONEN

DAS VORLIEGENDE BUCH
IST GROSSER MIST

Hannes Stein ist ohne Zweifel ein gewitzter Schreiber-
ling. Das hat er schon in seiner Ratgebersatire »Endlich
Nichtdenker!« und in seiner »Enzyklopäd e der Alltagsqualen« bewiesen, wenngleich angemerkt werden muss,
dass diese beiden Bücher von der Kritik sehr zwiespältig
aufgenommen wurden – manche Rezensenten gingen
so weit, Stein einen Reaktionär zu nennen. Das scheint
er sich zu Herzen genommen zu haben, denn in seiner
jüngsten Publikation, einem Büchlein, das er (ironisch?)
»Immer Recht haben!« nennt und als »Konversationsführer« (was immer das sein mag) bezeichnet, ist eine
eindeutige weltanschauliche Orientierung überhaupt
nicht mehr zu erkennen. Stein mach sich hier einen Spaß
daraus, zu jedem erdenklichen Thema unter der Sonne
gleich zwei Meinungen zu vertreten, eine pro und eine
contra – so argumentiert er mit derselben Verve für und
wider die Atomkraft, für und wider das Recht der Frauen
auf Abtreibung, sogar eine kommunistische Predigt findet man auf diesen Seiten – nebst einer ausführlichen
Begründung, warum der Kommunismus nicht funktionieren kann. Et cetera ad nauseam. Nein, einen Reaktionär wird man Stein nach dem vorliegenden Buch nicht
mehr nennen können. Auch keinen progressiven Geist.
Wohl aber einen Feigling.

»Hier stehe ich, ich kann nicht anders, Gott helfe mir, amen.« Dieses Wort wird Luther zugeschrieben; er soll es gesagt haben, als man ihn zwang, sich öffentlich zu seinen antipapistischen Thesen zu bekennen. Nichts könnte weiter vom Wankelmut des Herrn Stein entfernt sein als diese tapfere Haltung. Stein windet sich mit dialektischen Tricks heraus: Wer ihn auf einen festen Standpunkt festnageln will, hört nur das Echo eines Kicherns. Dieser Autor macht es sich leicht. Man ahnt als Leser dunkel, welcher Meinung Steins Herz eher zuneigt (jedenfalls steht zu hoffen, dass er nicht im Ernst für die Todesstrafe oder die Polygamie eintritt), aber statt mit offenem Visier eine Lanze für seine Überzeugungen zu brechen, zieht er es vor, auf beiden Seiten des Turniers gleichzeitig zu kämpfen. »Ich habe eiserne Prinzipien. Wenn sie Ihnen nicht gefallen, habe ich auch noch andere«, soll Groucho Marx gesagt haben. Stein besitzt die Frechheit, diesen Satz als Motto seinem Buch voranzustellen. Man schuldet ihm also nicht einmal den Respekt, den man einem weltanschaulichen Gegner entgegenbringt.

Indessen ist Hannes Steins Buch »Immer Recht haben!« auch aus einem philosophischen Grund von Übel. Stein behandelt alle Meinungen so, als besäßen sie die gleiche Gültigkeit; er tut so, als seien sämtliche Standpunkte – im buchstäblichen Sinn dieses Ausdrucks – gleichgültig. Das heißt, er leistet dem Relativismus auf fahrlässige Weise Vorschub. Wer dieses Werk zuklappt, behält den Eindruck zurück, dass es so etwas wie eine objektiv feststellbare Wahrheit gar nicht gibt. Das aber würde bedeuten, dass auch keine universalen Werte existieren und das einigende Band zerschnitten wird, das alle Menschen dieses Planeten miteinander verbindet. Kann Stein das wirklich wollen?

DAS VORLIEGENDE WERK IST UNVERZICHTBAR

Hannes Stein ist ein essayistischer Schriftsteller mit Witz in der ursprünglichen Bedeutung dieses Wortes: Er hat Geist und Faible für Ironie. Dies hat er schon mit »Endlich Nichtdenker!« bewiesen, einer hinreißenden Satire auf das Genre des Ratgebers, aber auch mit seiner lebensklugen »Enzyklopädie der Alltagsqualen«. Beide Bücher wurden von den deutschen Feuilletons kaum eines Blickes gewürdigt – wahrscheinlich aus Neid, weil sie beim Leserpublikum enormen Anklang fanden. Jetzt hat Stein diesen zwei Kleinodien einen dritten Brillanten hinzugefügt, der von Geistesblitzen funkelt – »Immer Recht haben!«, den ersten Konversationsführer Deutschlands. Das Prinzip des neuen Buchs ist so einfach wie genial: Stein nimmt zu allen Themen, die man sich nur denken kann, jeweils zwei diametral entgegengesetzte Standpunkte ein. Es geht dabei um so unwesentliche Fragen wie die, ob Amerika oder China besser zur Supermacht taugt, aber auch wirklich wichtige Entscheidungen werden verhandelt: Soll man Tee oder Kaffee trinken, sind schöne oder hässliche Menschen besser im Bett? In der Summe ist Steins Buch ein fröhliches Plädoyer gegen die protestantische Verbissenheit, wie sie in Luthers berühmtem Ausspruch »Hier stehe ich, ich kann nicht anders« zum Ausdruck kommt. Stein macht deutlich, dass in Wahrheit jeder Mensch auch anders könnte, weil keiner von uns ein totalitärer Monolith ist. »Widerspreche ich mir selbst? Na gut, dann widerspreche ich mir selbst«, schrieb einst der amerikanische Poet Walt Whitman: »Ich bin groß, ich enthalte Widersprüche.« Diese Verse prangen unsichtbar als Motto über Hannes Steins jüngstem Geniestreich. Nebenbei beweist Stein intellektuellen Mut. Er dreht dem linksliberalen Common Sense eine Nase, tritt gleichzeitig die Rechten vors Schienbein – und findet sogar Argumente gegen die Polygamie! Schockierend.

Aber dieser Konversationsführer verdient auch noch aus einem tieferen, einem philosophischen Grund Beachtung. Die Debattenkultur ist in Deutschland, wie man bei jeder neuen Kontroverse beobachten kann, nicht besonders hoch entwickelt. Auseinandersetzungen degenerieren schnell zu polemischen Gefechten, bei denen die Kontrahenten auch vor persönlichen Beleidigungen nicht zurückschrecken, Andersdenkende werden häufig verleumdet und verteufelt. Das mag daran liegen, dass man das Diskutieren hierzulande – anders als in der angelsächsischen Welt – nicht schon in der Schule übt. Hannes Steins Buch, in dem spielerisch vorgeführt wird, welche Haltungen zu verschiedenen Themen möglich sind, könnte hier wie eine Entgiftungskur wirken. Wer »Immer Recht haben!« zuklappt, der wird den Eindruck zurückbehalten, dass man über jede Sache auch ganz anders urteilen könnte, so dass der jeweilige Gegner vielleicht gar kein böser Mensch ist, sondern jemand, mit dessen Argumenten man sich beschäftigen sollte. So leistet Hannes Stein einen Beitrag zur Festigung der Demokratie, denn sein

Buch lehrt uns unaufdringlich die wichtigste aller liberalen Tugenden: Toleranz.

DANKSAGUNG

Dass ich für dieses Buch geklaut habe wie eine Elster, versteht sich eigentlich von selbst (unter anderem bei Aristoteles, Isaiah Berlin, Chesterton, Goethe, Hegel, Gunnar Heinsohn, Ruth Klüger, Gerd Koenen, Erik Kuehnelt Leddihn, Walker Percy, Karl Popper, Ayn Rand, Rüdiger Safranski, Schopenhauer, Paul Watzlawick usw. usf.). Dem Leser sei indessen versichert, dass ich nicht alles für Gold gehalten habe, was glitzert. Ich habe mir also nur originelle Gedanken von erstklassigen Autoren unter den Nagel gerissen und Talmiglanz konsequent verschmäht.

Darüber hinaus ist es mir eine angenehme Pflicht, zu danken: *Pamela und Wolf Biermann* (Hamburg) haben mir den Schlüssel zu ihrem Gartenhaus überlassen, so dass ich mich eine Woche lang zurückziehen und einfach schreiben konnte. *Stefan Grund* (ebenfalls Hamburg) hat mich zum selben Zweck für ein paar Tage in seiner Wohnung einquartiert und dabei mit der Nase auf den Streit pro und contra den Vegetarismus gestoßen. *Dirk Maxeiner* (Augsburg), der gerade an einem Buch über Klimaforschung saß, hat mir Argumente für und wider die These vom menschgemachten Treibhauseffekt geliefert (alle Fehler stammen selbstverständlich von mir). *Michael Miersch* (München) wollte unbedingt die alte Diskussion »Hund oder Katze?« aufgenommen sehen. *Alan Posener* (Berlin) hat großzügig sein Wissen über die Beatles und die Rolling Stones mit mir geteilt und mich nebenbei über französische Grammatik aufgeklärt. *Sylke Tempel*, die in Bayreuth geboren wurde (und nicht, wie häufig fälschlich kolportiert, in Beirut), verriet mir telefonisch aus Tel Aviv, warum sie den »Ring des Nibelungen« gut findet.

Last but not least – und außerhalb der alphabetischen Reihe – danke ich meinem Agenten *Rüdiger Dammann* (Berlin) für sein fußballerisches Fachwissen und seine Freundschaft.

INHALT

KULTURELLE ENTSCHEIDUNGEN

WIRTSCHAFTLICHE ERWÄGUNGEN

POLITISCHE DISKUSSIONEN

RELIGIONSFRAGEN

ANSTELLE EINES NACHWORTES
Zwei Rezensionen

Andreas Schlumberger
50 einfache Dinge, die Sie tun können, um die Welt zu retten

256 Seiten mit einem Vorwort von Ernst Ulrich von Weizsäcker. Gebunden

Was kann man als Einzelner schon gegen Dinge wie die globale Erwärmung oder den ökologischen und sozialen Raubbau ausrichten? Eine ganze Menge – und nebenbei lässt sich auch noch Geld sparen. Ob Haushalt, Mobilität oder Ernährung: Überall verstecken sich Ausgabequellen, die der Umwelt schaden und das Portemonnaie belasten. Sie lassen sich clever umgehen, nahezu ohne Komfortverzicht und ohne am bisherigen Lebensstil zu rütteln.

»Ein empfehlenswertes Buch!«
Greenpeace

»Alle Vorschläge taugen dazu, das Gefühl der eigenen Ohnmacht im Angesicht gravierender Umweltprobleme zu nehmen.«
Dr. Ernst Ulrich von Weizsäcker,
Deutscher Umweltpreis 2008

11/1008/01/R

PIPER

Manuel J. Hartung, Thomas Kerstan
Wissen to go

Ein Studium generale in 100 Begriffen. 192 Seiten. Gebunden

Mussten Sie schon einmal dem kategorischen Imperativ gehorchen? Oder hat der Optiker Ihre Brille in Heisenberg'scher Unschärferelation geschliffen? Treffen Sie sich wöchentlich zum hermeneutischen Zirkel und spielen Klavier in kognitiver Dissonanz? Dann wird es höchste Zeit, endlich zu verstehen, was Immanuel Kant eigentlich sagen wollte und wovon bei Fachbegriffen aus Akademikerwelt und Alltagskultur wirklich die Rede ist. Jetzt versammeln die »Zeit«-Journalisten Manuel J. Hartung und Thomas Kerstan die 100 wichtigsten Begriffe. Wissenschaftler aus allen Disziplinen liefern in Fünf-Minuten-Erklärungen ein Studium generale zum Schlauwerden. Egal, ob Small Talk oder Vorlesung: Ohne diesen Kanon kommt keine Konversation mehr aus.

01/1900/01/R

PIPER

Thomas de Padova
Wissenschaft im Strandkorb

160 Seiten. Gebunden

Warum haben wir zwei Nasenlöcher? Warum werden Lippen
blau? Warum sammeln sich Flusen im Bauchnabel? Wer
sich mit solchen scheinbar einfachen Alltagsfragen auseinan-
dersetzt, kann viel Spannendes entdecken. Zum Beispiel,
dass es keine Naschkatzen gibt, weil Katzen das Süße gar nicht
schmecken. Und wer ein bisschen von Geologie und der
Bewegung der Erdplatten auf dem Globus versteht, kann locker erklären, warum wir die Schale unseres Frühstückseis
anpieksen. Der Physiker Thomas de Padova hat für sein neues
Buch wieder 100 »lebenswichtige« Fragen ausgewählt.
Und wie in seiner ausgesprochen beliebten Aha-Kolumne im
Berliner »Tagesspiegel« zieht er für die Antworten die besten Wissenschaftler des Landes zu Rate.

01/1736/01/R

Jay Ingram

*Das Gedächtnis
der Kellnerin*

Kuriose Geschichten aus der
Wissenschaft. Aus dem Englischen
von Jürgen Neubauer. 288 Seiten.
Piper Taschenbuch

Wie schaffen es Kellnerinnen,
hunderte von Getränken den
richtigen Personen zu servieren? Weshalb kann es gut sein,
Parasiten zu haben? Und was
passiert mit uns, wenn wir lachen müssen? Diesen und vielen weiteren kuriosen Fragen
geht der Erfolgsautor Jay Ingram mit Witz und Sachverstand auf die Spur und präsentiert verrückte Forschungen
und Entdeckungen, die wissenswert, lehrreich und spannend sind.

»Ingram erzählt mit lakonischem Witz und viel Liebe fürs
Detail. So werden die Forscher
richtig sympathisch.«
Die Zeit

Jay Ingram

*Die Geschwindigkeit
des Honigs*

Ungewöhnliche Erkenntnisse
aus der Physik des Alltags. Aus
dem Englischen von Ingrid
Fischer-Schreiber. 224 Seiten.
Piper Taschenbuch

Warum landet ein herunterfallender Toast immer auf der
Marmeladenseite? Wie kommt
es, dass Steine auf dem Wasser
hüpfen? Und weshalb verteilt
sich flüssiger Honig nicht
gleichmäßig in alle Richtungen,
wenn er aufs Brot fließt? Jay Ingram erforscht ungewöhnliche
Phänomene hinter gewöhnlichen Alltagserfahrungen und
eröffnet überraschende und
faszinierende Einblicke in die
Naturwissenschaften.

»Ingram regt seine Leser zu
eigenen Experimenten an – und
zum schärferen Nachdenken
über Wahrnehmungen im Alltag. Das Buch wäre sicher eine
unterhaltsame Bereicherung
für eine dieser formeltrockenen
Physikstunden in der Schule.«
Bild der Wissenschaft

John Lloyd &
John Mitchinson
Scheinbildung

Was an unserem Wissen alles falsch ist. Aus dem Englischen von Ralf Pannowitsch. 368 Seiten. Piper Taschenbuch

Welches ist das größte Lebewesen? Wie heißt der höchste Berg? Wie viele Sinne hat der Mensch? Die Antworten sind nicht der Wal, der Mount Everest und fünf. Dieses Buch entlarvt die Macht der Scheinbildung und korrigiert die schnellen Antworten auf die alltäglichen Fragen des Lebens. Entdecken Sie populäre Irrtümer und Wissenslücken, Lustiges, Bizarres und Groteskes.

John Lloyd &
John Mitchinson
Verliebte Mäuse singen

Unnützes Wissen aus dem Reich der Tiere. Aus dem Englischen von Ralf Pannowitsch. 304 Seiten. Piper Taschenbuch

Wussten Sie, dass Albatrosse zehn Jahre nonstop fliegen können, Hummer 100 Jahre alt werden, Würmer Zigaretten rauchen und Mäuse singen, während sie sich lieben? Nach dieser Safari wird den Leser nichts mehr wundern. Wie Tiere – Hund, Katz, Erdferkel, Binturongs, Asseln, Pinguine und all die anderen – fressen, schlafen, sich bewegen und fortpflanzen, das bietet mehr, als die menschliche Phantasie sich je wird vorstellen können.

PIPER

Robert L. Wolke

Woher weiß die Seife, was der Schmutz ist?

Kluge Antworten auf alltägliche Fragen. Aus dem Amerikanischen von Markus P. Schupfner. 343 Seiten. Piper Taschenbuch

Warum ist der Himmel blau? Warum wird es wärmer, wenn es schneit? Und wie vor allem bekommt man Ketchup am besten aus der Flasche? Diesen und vielen anderen kniffligen Fragen aus dem Alltag geht Robert L. Wolke auf den Grund und gibt kluge und oft verblüffende Antworten. Und er bietet Lösungen für alltägliche Probleme. Mit witzigen Versuchen, die man gleich selber nachmachen kann.

»Hier kommt weder Wissenschaft noch das Vergnügen zu kurz.«
Wiener Zeitung

Robert L. Wolke

Was Einstein seinem Friseur erzählte

Naturwissenschaft im Alltag. Aus dem Amerikanischen von Helmut Reuter. 352 Seiten. Piper Taschenbuch

Ertrinkt man, wenn die Luftfeuchtigkeit 100 Prozent erreicht? Können wir in einem Auto, das mit Schallgeschwindigkeit unterwegs ist, noch Radio hören? Warum haben die meisten Länder Rechtsverkehr? Kann man sich in einem abstürzenden Aufzug retten, wenn man vor dem Aufprall in die Höhe springt? Albert Einstein – ging er überhaupt zum Friseur? – hätte an solchen Fragen sicher so viel Spaß gehabt wie Robert L. Wolke. Sein Bucherfolg »Woher weiß die Seife, was der Schmutz ist?« hat bewiesen, daß viele Menschen über die Rätsel und eigenartigen Phänomene des Alltags nachdenken. Erneut hilft Robert L. Wolke bei der Lösung mit amüsanten Erklärungen auf die Sprünge, außerdem liefert er viele Anregungen für Versuche und Kneipenwetten.

»Wissenschaftsbuch des Jahres«
Bild der Wissenschaft

Warum fallen schlafende Vögel nicht vom Baum?

Wunderbare Alltagsrätsel. Herausgegeben von Mick O'Hare / New Scientist. Aus dem Englischen von Helmut Reuter. Mit Illustrationen von Spike Gerrell. 247 Seiten. Serie Piper

Haben Sie etwa schon einmal einen schlafenden Vogel vom Baum fallen sehen? Warum niesen wir, wenn wir in die Sonne schauen? Warum fliegen fliegende Fische? Warum ist der Himmel blau? Unsere Welt ist voller kleiner Rätsel! Die berühmte englische Zeitschrift »New Scientist« hat für solche Fragen und Antworten eine »letzte Seite« eingerichtet. Dort antworten Leser aus aller Welt den Lesern aus aller Welt. Die schönsten, skurrilsten, hintergründigsten und auch normalsten Fragen und Antworten bietet dieses Buch. Es gibt viel zu staunen und zu lernen über die Welt um uns herum.

»Eine unterhaltsame Lektüre für all jene, die das Staunen über die kleinen Dinge des Alltags noch nicht Piper Taschenbuch«
Die Welt

Was macht die Mücke beim Wolkenbruch?

Neue wunderbare Alltagsrätsel. Herausgegeben von Mick O'Hare / New Scientist. Aus dem Englischen von Helmut Reuter. Illustrationen von Spike Gerrell. 240 Seiten. Piper Taschenbuch

Was macht eine Mücke bei einem wirklich schweren Wolkenbruch? Warum krähen Hähne fast immer am Morgen? Und wieso sind Eier eiförmig? Unsere Welt ist voller kleiner Rätsel, über die die Menschen staunen. Für alle, die solche Fragen bewegen, hat die berühmte englische Zeitschrift »New Scientist« eine Seite eingerichtet. Dort antworten Leser auf Leserfragen aus aller Welt. Der Herausgeber hat die skurrilsten und hintergründigsten Fragen und Antworten herausgesucht. Es gibt jede Menge zu staunen und zu lernen!

»Auch dieses köstliche Wissenschaftsbrevier möchte man in einem Rutsch verschlingen.«
Westfälische Rundschau

PIPER

Essen und Trinken sind die drei schönsten Dinge des Lebens

Cornelius Lange
Fabian Lange

Das große Fressen

Ein kulinarischer Trip
ans Ende der Nahrungskette

192 Seiten / gebunden
€ 14,95 (D) / sFr 23,50 / € 15,40 (A)
ISBN 978-3-8218-6603-1

Wir haben die Liebe zum Essen entdeckt. Und wenn wir etwas machen, dann machen wir es gründlich. Also blanchieren, tranchieren, molekularisieren wir, was die Sterneküche hergibt.

Höchste Zeit, dass jemand mit Kompetenz, Stil und sartirischem Blick innehält und einfach mal laut in die Runde fragt: Haben wir wirklich einen guten Geschmack oder sind wir nur ein Volk von Simulanten? Welche Kräfte wirken in einer Nation, die sich ohne Umweg aus der Eisbeinvergangenheit ins Sushi-Zeitalter gebeamt hat? Und was bedeutet es eigentlich, wenn wir bei unserem Lieblingsinder zwischen hundert verschiedenen Pizzabelägen wählen können, unser Gaumen aber nur vier Geschmacksarten unterscheiden kann?

eichborn. der verlag mit der fliege.